PREGUNTAS Y RESPUESTAS

MÁQUINAS ASOMBROSAS

Producido originalmente por David West Children's Books

Ilustradores Stephen Angel Peter Gregory Colin Howard Graham Howells Mike Lacey
Mike Taylor Ross Watton (SGA)
Dibujante Peter Wilks (SGA)
Asesor Steve Parker

Parragon Books Ltd
Queen Street House
4 Queen Street
Bath BA1 1HE
Reino Unido

Traducción del inglés Carlos Chacón Zabalza para LocTeam, S. L., Barcelona
Redacción y maquetación de la edición en español LocTeam, S. L., Barcelona

ISBN 978-1-4054-9357-4

Impreso en China
Printed in China

PREGUNTAS Y RESPUESTAS

MÁQUINAS ASOMBROSAS

Escrito por

Adam Hibbert

Chris Oxlade

James Pickering

Contenido

CAPÍTULO UNO
MÁQUINAS DE CARRERAS

12 ¿Quién corrió con su tren contra un carro de caballos?

13 ¿Cuál fue la primera carrera de coches?

14 ¿Quién utilizó un cohete para ir a más de 1.000 km/h?

14 ¿Quién acopló un cohete a una moto?

15 ¿Quién superó la velocidad del sonido en coche?

16 ¿Qué coches compiten según una fórmula?

17 ¿Qué es un coche de Fórmula Indy?

17 ¿Qué coches corren 24 horas?

18 ¿Cuándo deja un turismo de serlo?

18 ¿Qué son las carreras de *stock cars*?

19 ¿Quién corre entre el barro y el hielo?

20 ¿Quién ondea la bandera a cuadros?

20 ¿Quién lleva prendas interiores ignífugas?

21 ¿Cuántos mecánicos necesita un Fórmula 1?

22 ¿Qué coches compiten en pistas rectas?

23 ¿Qué es un *funny car*?

23 ¿Qué velocidad puede alcanzar una *drag bike*?

24 ¿Quién utiliza las rodillas para tomar las curvas?

24 ¿Qué motocicletas de carreras tienen tres ruedas?

25 ¿Qué motocicletas no tienen frenos?

26 ¿Qué carrera atraviesa el Sahara?

26 ¿Qué son los *karts* de *rallies*?

27 ¿Qué carreras tienen saltos?

28 ¿Quién competía con bólidos por la calle?

29 ¿Quién competía entre café y café?

29 ¿Quién viste un *maillot* amarillo si gana?

30 ¿Qué carrera precisa sol?

31 ¿Qué coches no necesitan gasolina?

31 ¿Qué velocidad puede alcanzar un Sinclair C5?

32 ¿Dónde ganas si quedas último?

33 ¿Qué coches de carreras no tienen motor?

33 ¿Hay carreras de camiones?

34 ¿Quién lleva casco en el mar?

34 ¿Cuál es la nave acuática más rápida?

35 ¿Qué embarcaciones usan chorros de agua?

36 ¿Qué plusmarquista tenía tres cascos?

36 ¿Qué son los catamaranes?

37 ¿Qué embarcaciones patinan sobre el hielo?

38 ¿Qué eran los *Gee Bees*?

38 ¿Cuál fue la carrera aérea más larga?

39 ¿Cuándo se celebró la primera carrera aérea?

CAPÍTULO DOS
BARCOS Y SUBMARINOS

42 ¿Quién cruzó el Atlántico en un barco de cañas?

43 ¿Cómo se fabricaban las canoas?

43 ¿Quién iba a pescar en pieles de animales?

44 ¿Quiénes utilizaban drakares?

45 ¿Quién remaba durante el combate?

45 ¿Quién dirige un «ocho»?

46 ¿Qué eran los clípers?

47 ¿Qué era un galeón?

47 ¿Quiénes se hacían a la mar en un junco?

48 ¿Quién tenía una calavera por bandera?

48 ¿Qué era una galera de corsarios?

49 ¿Quiénes fueron Bonny y Read?

50 ¿Qué dos barcos de vapor tuvieron un tira y afloja?

50 ¿Cuál fue el primer barco de vapor?

51 ¿Qué vapores utilizaban paletas?

52 ¿Qué era un vapor de línea?

52 ¿Qué barco moderno tiene velas?

53 ¿Qué hace un remolcador?

54 ¿Cuál es el barco más grande?

54 ¿Qué es un transbordador?

55 ¿Qué es un barco portacontenedores?

56 ¿Qué barco tiene alas?

57 ¿Qué barco vuela?

57 ¿Qué barco tiene dos cascos?

58 ¿Quién practica la pesca de arrastre?

58 ¿Qué es un buque factoría?

59 ¿Quién buscaba ballenas?

60 ¿Qué barcos son insumergibles?

61 ¿Qué es un buque faro?

61 ¿Qué barco apaga fuegos?

62 ¿Qué barco es un aeródromo flotante?

63 ¿Qué era un acorazado de bolsillo?

63 ¿Qué barco es invisible?

64 ¿Qué es un yate?

65 ¿Cuáles son las barcas más rápidas?

65 ¿Quién monta las olas?

66 ¿Son grandes los submarinos?

66 ¿Para qué se utilizaban los submarinos?

67 ¿Qué es un periscopio?

68 ¿Qué es un microsubmarino?

69 ¿Qué son *Alvin* y *Jason Junior*?

69 ¿Qué profundidad puede alcanzar un sumergible?

CAPÍTULO TRES
COCHES

72 ¿Qué era un carruaje sin caballos?

72 ¿Quién inventó el coche?

73 ¿Cuál fue el primer coche que se vendió?

74 ¿Quiénes iban muy abrigados en coche?

75 ¿Qué era un «Tin Lizzie»?

75 ¿Quién hablaba al conductor a través de un tubo?

76 ¿Quién conducía un Silver Ghost?

76 ¿Qué coche resultaba muy barato?

77 ¿Quién viajaba en un charabán?

78 ¿Quiénes fueron los Bentley Boys?

79 ¿Qué conducían las estrellas de cine de la década de 1930?

79 ¿Quiénes usaban potentes coches para huir?

80 ¿Qué era el «Tin Goose»?

80 ¿Por qué era tan especial el Citroën 7CV?

81 ¿Cuál fue el coche del pueblo?

82 ¿Qué coche podía volar?

83 ¿Qué coche tenía alas de gaviota?

83 ¿Qué era un «T-bird»?

84 ¿Quién conducía un huevo?

84 ¿Qué es un Smart?

85 ¿Qué es un Mini?

86 ¿Hay coches con llamas?

87 ¿Qué es un *lowrider*?

87 ¿Qué es un *street rod*?

88 ¿Qué es un deportivo?

88 ¿Qué deportivo se fabrica todavía a mano?

89 ¿Qué potente coche tiene nombre de caballo salvaje?

90 ¿Qué era un *jeep* Willys?

90 ¿Qué es la tracción integral?

91 ¿Qué coche podía nadar?

92 ¿Cómo fabrican coches los robots?

92 ¿Quién realiza las pruebas de choque?

93 ¿Cómo se diseñan los coches?

94 ¿Qué es un motor de combustión interna?

95 ¿Por qué tiene marchas un coche?

95 ¿Qué son las ballestas y los amortiguadores?

96 ¿Qué coche tenía un asiento eyectable?

97 ¿Quién tenía un Rolls–Royce pintado con motivos floreados?

97 ¿Qué coche tenía seis ruedas?

98 ¿Qué coche encoge?

98 ¿Cuál es el coche más limpio?

99 ¿Qué coche funciona con energía solar?

CAPÍTULO CUATRO
TRENES

102 ¿Qué tren era tirado por caballos?

102 ¿Cuál fue el primer tren de pasajeros?

103 ¿Cuál fue la primera máquina?

104 ¿Cómo se acoplan los trenes?

104 ¿Qué es una locomotora?

105 ¿Quién conduce el tren?

106 ¿Cómo se forma el vapor?

106 ¿Cómo funciona un motor de vapor?

107 ¿En qué época se utilizaba el vapor como fuente de energía?

108 ¿Qué diésel era un «ciempiés»?

108 ¿Por qué se impuso el diésel al vapor?

109 ¿Qué diésel parecía un avión?

110 ¿Qué país adoptó primero la electricidad?

110 ¿Qué es un pantógrafo?

111 ¿Es mejor el motor eléctrico que el diésel?

112 ¿Qué es un carbonero?

112 ¿Cuál era el tren más lujoso?

113 ¿Qué es un pullman?

114 ¿Quién iba por una vía de madera?

114 ¿Cómo se tienden las vías?

115 ¿Qué tren se impulsaba por aire?

116 ¿Qué tren se mueve por cables?

116 ¿Dónde está la recta más larga?

117 ¿Hay algún tren que atraviese toda África?

118 ¿El túnel del canal de la Mancha es el más largo?

118 ¿Cómo cruzan los ríos los trenes?

119 ¿Dónde se construyó el primer ferrocarril urbano elevado?

120 ¿Quién dormía en el metro?

120 ¿En qué guerra se usaron trenes por primera vez?

121 ¿Existen trenes-tanque?

122 ¿Cuál ha sido el mayor delito cometido en un tren?

122 ¿Los trenes tienen accidentes?

123 ¿Los proyectos ferroviarios siempre han tenido éxito?

124 ¿Puede viajar un tren boca abajo?

125 ¿Qué tren escala un volcán?

125 ¿Los trenes de juguete sufren accidentes?

126 ¿Cuánto mide el tren más largo?

126 ¿Cuál es el tren más rápido?

127 ¿Qué tren tiene la ruta más larga?

128 ¿Qué tren vuela?

128 ¿Qué es un tren bala?

129 ¿Los trenes son «verdes»?

CAPÍTULO CINCO MOTOS

132 ¿Quién fue el primero en poner pedales a una bicicleta?

132 ¿Qué era un biciclo?

133 ¿Qué era una «bicicleta de seguridad»?

134 ¿Qué bicicleta tenía un motor de vapor?

134 ¿Quién puso un motor sobre la rueda delantera?

135 ¿Qué aspecto tenía la primera moto?

136 ¿Qué es un eje motor?

136 ¿Para qué servían las correas de cuero?

137 ¿Cuándo se uso la primera cadena?

138 ¿Quiénes fueron Harley y Davidson?

138 ¿Por qué era superior la Brough?

139 ¿Qué era una Indian?

140 ¿Dónde tiene el motor una motocicleta?

140 ¿Todos los motores tienen la misma forma?

141 ¿Qué es un motor de dos tiempos?

142 ¿Qué moto es objeto de culto?

142 ¿Qué es un sidecar?

143 ¿Qué es una Gold Wing?

144 ¿Qué es un *scooter*?

144 ¿Cuál es la moto más vendida de la historia?

145 ¿Qué *scooter* cabe en el maletero de un coche?

146 ¿Qué es una moto de trial?

146 ¿Qué pilotos llevan coraza?

147 ¿Qué motos tienen neumáticos con mucho dibujo?

148 ¿Quién llevaba un rifle enfundado en su Harley?

149 ¿Quiénes caían del cielo en minimotos?

149 ¿Quién llevaba una ametralladora acoplada a la moto?

150 ¿Qué es una carrera TT?

150 ¿Quién corría sobre madera?

151 ¿Qué es una *superbike*?

152 ¿Qué es una *chopper*?

153 ¿Quién alcanzó los 345 km/h en una Triumph?

153 ¿Quién puso tres motores a una moto?

154 ¿Cómo se acelera en moto?

154 ¿Cómo se frena?

155 ¿Cómo se cambia de marcha?

155 ¿Por qué se doblan los pilotos en las curvas?

156 ¿Qué moto de carreras no tiene horquillas delanteras?

157 ¿En qué moto te sientas dentro?

157 ¿Qué moto cruzó EE.UU. usando menos de 68 litros de carburante?

158 ¿Qué es el *stunt riding*?

158 ¿Qué es la «pared de la muerte»?

159 ¿Qué es el *motocross* de estilo libre?

CAPÍTULO SEIS CAMIONES Y EXCAVADORAS

162 ¿Con qué funcionaban los primeros camiones?

162 ¿Cómo eran los camiones antes de inventarse el motor de vapor?

163 ¿Qué era un charabán?

164 ¿Qué es una cabina abatible?

165 ¿Qué es la quinta rueda?

165 ¿Cómo se transportan los camiones tractores?

166 ¿Cómo se comunican los camioneros?

167 ¿Dónde duermen los camioneros?

167 ¿Qué es el efecto navaja?

168 ¿Qué es una camioneta monstruo?

169 ¿Quién pinta los camiones como medida de protección?

169 ¿Qué son los camiones personalizados?

170 ¿Qué es un *dragster*?

170 ¿Cuál es el camión más rápido?

171 ¿Pueden circular los camiones sobre las ruedas traseras?

172 ¿Cómo viajan los tanques?

172 ¿Qué camiones pueden nadar?

173 ¿Cómo se trasladan los misiles?

174 ¿Qué camión corta la tierra?

174 ¿Qué es una excavadora?

175 ¿Cuál es el camión más grande del mundo?

176 ¿Qué excavadora puede realizar distintas tareas?

177 ¿Qué es una grúa móvil?

177 ¿Cómo se transporta el hormigón?

178 ¿Para qué sirven las cadenas?

179 ¿Qué camiones atraviesan el Sahara?

179 ¿Qué es la tracción integral?

180 ¿Los camiones pueden mover casas?

180 ¿Qué camión llevó una nave espacial?

181 ¿Qué camiones tienen decenas de ruedas?

182 ¿Por qué hay camiones de bomberos con dos conductores?

183 ¿Hasta dónde puede llegar la escalera de un camión de bomberos?

183 ¿Quién apaga los fuegos en los aviones?

184 ¿Qué es un camión grúa?

185 ¿Para qué sirven las ambulancias?

186 ¿Cómo se cargan los troncos en los camiones?

186 ¿Qué es un tren de carretera?

187 ¿Qué es una carretilla pórtico?

188 ¿Cómo se descarga un camión?

189 ¿Qué camión remolca aviones?

189 ¿Cómo trabajan los camiones de la basura?

CAPÍTULO SIETE
AVIONES

192 ¿Quiénes fueron los primeros en volar?

192 ¿Quién construyó un avión de vapor?

193 ¿Quién fue el primero en volar en parapente?

194 ¿Quién realizó el primer vuelo en aeroplano?

195 ¿Qué es un monoplano?

195 ¿Quién fue el primero en sobrevolar el canal de la Mancha?

196 ¿Qué dirigible se incendió?

196 ¿Quién voló con el primer dirigible?

197 ¿Aún se usan dirigibles?

198 ¿Quién fue el Barón Rojo?

199 ¿Qué eran los «asaltagranjas»?

199 ¿Quiénes fueron los primeros en sobrevolar el Atlántico?

200 ¿Quién fue el primero en sobrevolar el Atlántico en solitario?

201 ¿Quién fue el primero en sobrevolar el Pacífico?

201 ¿Qué mujer voló en solitario de Inglaterra a Australia?

202 ¿Qué avión es también un barco?

203 ¿Qué velocidad puede alcanzar un hidroavión?

203 ¿Cómo aterriza un avión en la nieve?

204 ¿Qué aviones tienen un gancho?

204 ¿Qué era una Fortaleza volante?

205 ¿Quiénes atacaban desde el sol?

206 ¿Quién inventó el motor a reacción?

207 ¿Cuál fue el primer avión a reacción?

207 ¿Cuál fue el primer avión de pasajeros a reacción?

208 ¿Qué caza puede mover las alas?

209 ¿Qué avión es invisible?

209 ¿Qué avión tiene las alas traseras hacia delante?

210 ¿En qué avión caben más pasajeros?

210 ¿Cuál es el avión más grande?

211 ¿Qué avión de pasajeros transtlántico sólo tiene dos motores?

212 ¿Qué avión viajó a 7.270 km/h?

212 ¿Qué avión no tenía alas?

213 ¿Cuál es el reactor más rápido?

214 ¿Qué avión puede permanecer inmóvil en el aire?

214 ¿Qué avión puede despegar y aterrizar en ciudades?

215 ¿Qué avión puede girar sus motores?

216 ¿Por qué se usan helicópteros en los rescates?

216 ¿Quién inventó el primer helicóptero?

217 ¿Qué es un autogiro?

218 ¿Qué aviones no tienen motor?

218 ¿Qué es un ala delta?

219 ¿Cómo se mantienen en el aire los globos aerostáticos?

CAPÍTULO OCHO
NAVES ESPACIALES

222 ¿Quién fabricó el primer cohete de combustible líquido?

223 ¿Qué hizo el primer satélite?

223 ¿Quién fue el primer terrícola que viajó al espacio?

224 ¿Cuál ha sido el cohete más grande?

224 ¿Qué llevan los cohetes?

225 ¿Por qué tienen fases los cohetes?

226 ¿Quién fue la primera persona que viajó al espacio?

226 ¿Quién fue el primer estadounidense que viajó al espacio?

227 ¿Quién dio el primer paseo espacial?

228 ¿Quién fue el primer hombre que pisó la Luna?

229 ¿Quién llevó un coche a la Luna?

229 ¿A quién trajo mala suerte el número 13?

230 ¿Cómo se ponen los trajes espaciales?

231 ¿Cómo se entrenan los astronautas?

231 ¿Por qué son necesarios los trajes espaciales?

232 ¿Qué temperatura soportaban las cápsulas lunares?

232 ¿Dónde aterrizaban las cápsulas?

233 ¿Qué viajeros espaciales tienen asientos eyectables?

234 ¿Qué comen los astronautas?

235 ¿Cuánto tiempo se puede permanecer en el espacio?

235 ¿Cómo vas al váter en el espacio?

236 ¿Qué nave es reutilizable?

236 ¿Qué es una UMT?

237 ¿Qué hace la lanzadera?

238 ¿Qué es un satélite?

238 ¿Cómo se mantienen los satélites en órbita?

239 ¿Pueden caer los satélites del cielo?

240 ¿Hay un telescopio en el espacio?

241 ¿Qué pasa si se estropea el telescopio?

242 ¿Qué sondas han visitado todos los planetas?

242 ¿Qué sonda se calentó demasiado?

243 ¿Qué sonda visitó un cometa?

244 ¿Qué rebotó en la superficie de Marte?

244 ¿Quién condujo un vehículo en Marte?

245 ¿Aterrizaron las sondas *Viking* en Marte?

246 ¿Quién está construyendo una nueva estación espacial?

247 ¿Se construirá una base lunar?

247 ¿Podré ir al espacio?

248 ¿Cómo serán las naves del futuro?

249 ¿Visitaremos algún día otros sistemas solares?

249 ¿Colonizaremos Marte?

250 Glosario

253 Índice

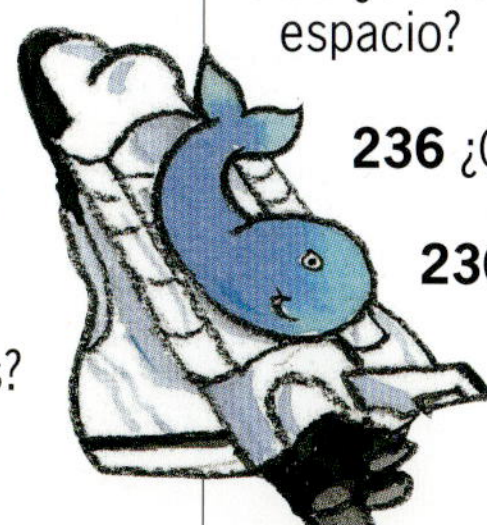

GOODMANS
TESTER
GMR
Valvoline

CAPÍTULO UNO

MÁQUINAS DE CARRERAS

¿Quién corrió con su tren contra un carro de caballos?

En 1825, George Stephenson compitió con su máquina de tren *Locomotion* contra un coche tirado por caballos, y ganó. Por primera vez, demostró que un vehículo mecánico podía desplazarse más rápido que un carro tirado por caballos.

Locomotion

¡Increíble! **Las máquinas de carreras existen desde hace mucho tiempo. Los romanos competían en carros de caballos hace más de 2.000 años. Los carros tenían dos ruedas conectadas por un eje de madera. El traqueteo era notable y los conductores iban de pie para guardar el equilibrio. Cuantos más caballos, más rápido iba el carro.**

¿Es cierto?

En 1897, un ciclista se impuso a una motocicleta en una carrera.

SÍ. Un hombre llamado W. J. Stocks recorrió 43 km en bicicleta en una hora y superó a una motocicleta por 270 m. El motociclista no parecía muy contento. Dijo que la multitud, demasiado bulliciosa, le había distraído.

Una de las primeras carreras automovilísticas, Francia, 1902

¿Cuál fue la primera carrera de coches?

La primera carrera tuvo lugar en 1894 entre París y Ruán, en Francia. El conde De Dion ganó con un coche a vapor que únicamente alcanzaba los 18 km/h. Las primeras carreras de vehículos motorizados demostraron que los coches eran tan rápidos y fiables como los caballos.

¿Quién utilizó un cohete para ir a más de 1.000 km/h?

En 1970, el estadounidense Gary Gabelich condujo su coche impulsado por un cohete, *The Blue Flame*, a 1.016 km/h en Bonneville Salt Flats. Este sigue siendo el coche más rápido del mundo de su categoría. Cuando no estaba batiendo récords, Gary también competía con coches trucados o *dragsters* y trabajaba como astronauta de pruebas.

Thrust SSC

¿Quién acopló un cohete a una moto?

Richard «Hombre Cohete» Brown empezó a construir el *Challenger* en 1996. Éste tiene tres motores de cohete que generan unos 12.200 caballos de potencia por tonelada, y alcanza 530 km/h.

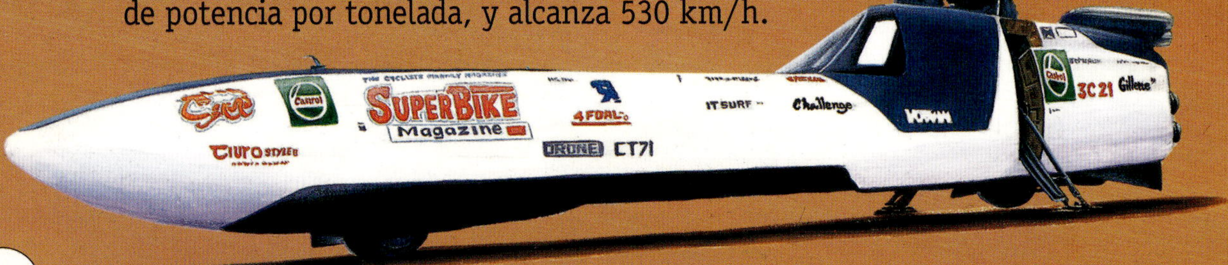

Challenger

Coche impulsado por un cohete

¿Es cierto?
Algunos coches precisan paracaídas.

SÍ. Algunos coches son tan rápidos que los frenos no bastan para detenerlos. Los paracaídas los frenan cuando van a velocidades demasiado elevadas. El Thrust SSC incorpora cuatro paracaídas que lo frenan tras alcanzar la velocidad del sonido.

¿Quién superó la velocidad del sonido en coche?

El británico Andy Green estableció un récord mundial en 1997, cuando alcanzó los 1.227,985 km/h con el *Thrust SSC* con reactor en el desierto de Nevada.

¡Increíble! **¡En 1904, algunos coches ya superaban los 160 km/h! Louis Rigolly fue el primero que alcanzó dicha velocidad en su Gobron-Brillié de 100 caballos durante los Campeonatos de Velocidad de Julio de Ostende (Bélgica). Por suerte, no tuvo ningún accidente: los cinturones de seguridad no existían y sólo llevaba una gorra para protegerse.**

Gobron-Brillié

¿Qué coches compiten según una fórmula?

Hay fórmulas o reglas muy estrictas para la construcción de los coches, que rigen el tamaño, la forma y el depósito de combustible de los Fórmula 1 para que las carreras sean justas.

¡Increíble!

¡Aunque los *karts* son mucho más pequeños que otros coches de carreras, pueden alcanzar hasta 240 km/h! Son muy populares entre los jóvenes pilotos, y muchas estrellas de la Fórmula 1, como Michael Schumacher, compitieron con karts.

Coches de Fórmula 1
de Ferrari

¿Es cierto?

Los coches de carreras tienen alerones.

SÍ. Delante y detrás. Están diseñados para que el coche no se levante del suelo. El aire que pasa sobre ellos adhiere el coche a la pista, lo cual proporciona más control y agarre al piloto.

Coche de Fórmula Indy

¿Qué es un coche de Fórmula Indy?

Las carreras de Fórmula Indy se celebran en el circuito estadounidense de Indianápolis. Los coches tienen potentes motores y enormes alerones.

Coche de carreras de Le Mans

¿Qué coches corren 24 horas?

Los coches de carreras compiten en el circuito francés de Le Mans durante 24 horas. Dos o tres pilotos se turnan al volante.

¿Cuándo deja un turismo de serlo?

Cuando compite en los campeonatos de turismos. Los coches que participan en esas carreras parecen coches familiares corrientes, pero bajo su carrocería hay un auto muy rápido especialmente construido.

Turismos

¡Increíble! **¡Los turismos de carreras modernos se elevan sobre unos soportes! Como todos los coches de carreras, los turismos tienen que hacer paradas en boxes regulares. Las reparaciones, los ajustes y los cambios de neumáticos deben hacerse lo más rápido posible. Los soportes evitan a los mecánicos tener que arrastrarse por debajo del vehículo.**

¿Qué son las carreras de *stock cars*?

Son las carreras que organiza la National Association for Stock Car Auto Racing en Estados Unidos. Los *stock cars* parecen coches normales, pero tienen motores mucho más potentes e incorporan elementos de seguridad adicionales.

Stock cars

¿Es cierto?

Todos los stock cars tienen puertas.

NO. La carrocería de un *stock car* es de una sola pieza. Ello reduce el peso del coche e incrementa la seguridad. ¡La ventanilla del conductor no tiene cristal y éste debe entrar y salir del coche por ella!

¿Quién corre entre el barro y el hielo?

Los coches de *rally* están concebidos para competir por pistas lodosas, a campo traviesa e incluso por la nieve. ¡Así no es de extrañar que a veces se produzcan accidentes!

Coche de *rallies*

¿Quién ondea la bandera a cuadros?

Los comisarios de la carrera no pueden hablar con los pilotos durante la prueba, de modo que se comunican mediante banderas. Distintas banderas avisan de un peligro, de problemas o bien ordenan a un piloto que abandone la pista. La bandera a cuadros se ondea cuando el coche ganador cruza la meta.

Final de la carrera — Peligro — Problemas mecánicos — Pista libre — Carrera detenida

¿Quién lleva prendas interiores ignífugas?

Bajo sus monos, los pilotos de carreras llevan prendas ignífugas de Nomex (una camiseta de manga larga, calzoncillos largos, calcetines y un pasamontañas) que protegen al conductor de temperaturas de hasta 700°C durante 12 segundos.

¡Increíble! Si la pista está seca, los neumáticos lisos ofrecen más agarre que los estriados. Con lluvia, los coches cambian a neumáticos con estrías profundas, para evacuar el máximo de agua y evitar patinazos. ¡Cada neumático puede evacuar 26 litros de agua de la pista por segundo!

¿Es cierto?
Algunos coches podrían correr por el techo.

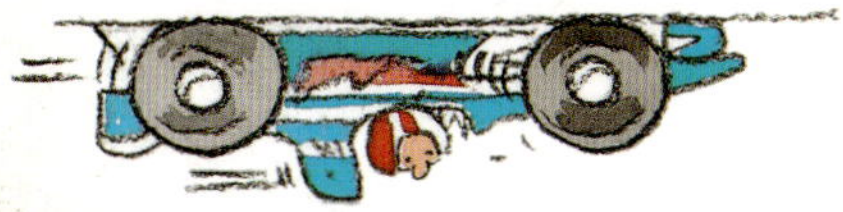

SÍ. La presión del aire que adhiere un coche de carreras a la pista es tan alta que podrían correr cabeza abajo.

Comportamiento antideportivo

Pista resbaladiza

El coche en cuestión debe parar en boxes

Un piloto quiere adelantar

Vehículo lento en pista

Mecánicos en boxes

¿Cuántos mecánicos necesita un Fórmula 1?

Hasta una veintena trabajan en boxes, donde hacen rápidas reparaciones y ajustes durante la carrera. ¡Son capaces de cambiar una rueda en menos de cinco segundos!

Dragster

¡Increíble!

Ir a 480 km/h resulta peligroso. El coche puede volcar y dar una vuelta de campana si las ruedas delanteras se levantan del suelo. Los *dragsters* modernos tienen un estabilizador de seguridad que mantiene al coche adherido al suelo.

¿Qué coches compiten en pistas rectas?

Los *dragsters* son coches de carreras especialmente construidos, con un aspecto y unas prestaciones nunca vistos en la carretera. ¡Compiten en fugaces y ruidosas carreras en una pista recta de 400 m, a unos 520 km/h! Los *dragsters* están diseñados con un solo objetivo en mente: acelerar.

Drag bike Pro Stock

¿Qué es un *funny car*?

Los *funny cars* son versiones de aspecto extraño de turismos, que participan en algunas carreras de *dragsters*. La carrocería tiene forma alargada para adaptarse a un chasis y un motor enorme y sobrealimentado. Incorporan dibujos y colores brillantes.

¿Es cierto?

Los dragsters consumen 57 litros de gasolina en 400 m.

SÍ. ¡Los *dragsters* son bestias sedientas! En 400 m, pueden consumir la misma cantidad de gasolina que un turismo moderno en un viaje de 600 km.

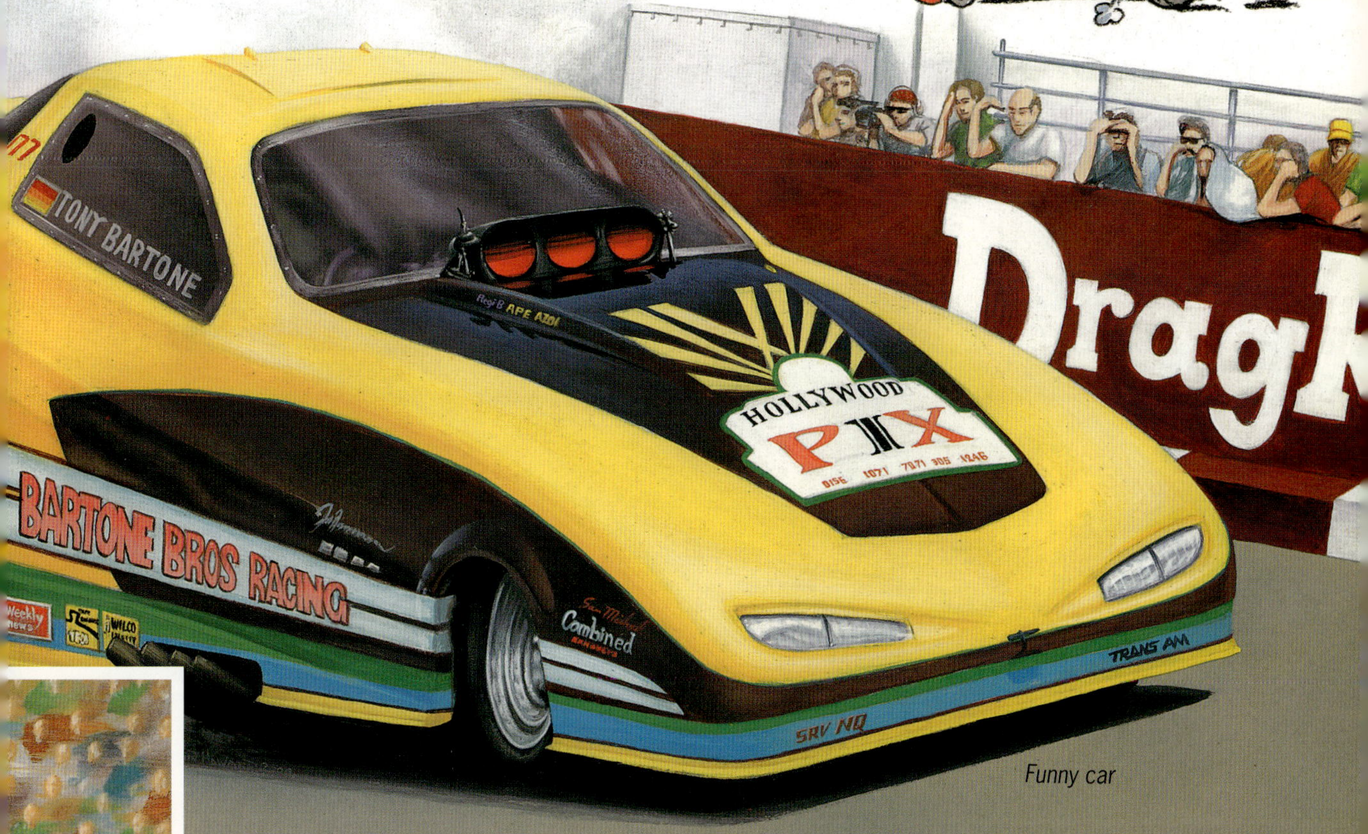

Funny car

¿Qué velocidad puede alcanzar una *drag bike*?

Las *drag bikes* Pro Stock son *dragsters* de dos ruedas (cuatro si se cuentan los dos estabilizadores traseros que permiten controlarlas a altas velocidades). ¡El campeón de *drag bikes* John Mafaro alcanzó los 284,85 km/h en 1991!

¿Quién utiliza las rodillas para tomar las curvas?

Los pilotos de los grandes premios de motociclismo toman las curvas muy rápido inclinándose mucho y rozando la pista con la rodilla. Esa posición se conoce como «rodilla en tierra». Para protegerse, sus trajes de cuero incorporan rodilleras de nailon resistente.

Sidecares de carreras

¿Qué motocicletas de carreras tienen tres ruedas?

Los sidecares de carreras. El sidecar no tiene motor, pero el copiloto aporta un equilibrio vital. En las curvas, éste se inclina hacia fuera, para lograr un agarre adicional, y el piloto apenas tiene que reducir la velocidad.

¡Increíble! Algunas motos tienen neumáticos con púas metálicas para circular sobre hielo. Estas perforan la superficie helada e impiden derrapar. Sin ellas, moto y piloto acabarían en el suelo.

Posición de rodilla en tierra

¿Es cierto?

Las carreras de motos solo duran una hora.

NO. Hay carreras de distinta duración. Así, la famosa carrera de Le Mans, en Francia, dura 24 horas, mientras que las carreras de *speedway* suelen tener sólo cuatro vueltas (1.200 m) y duran un minuto.

Motos de carreras de speedway

¿Qué motocicletas no tienen frenos?

Las motos de *speedway* no incorporan frenos. En cambio, la moto se detiene prácticamente cuando se suelta el acelerador. Los pilotos llevan botas de acero extrarresistentes, que hincan en la pista para detener la moto.

¿Qué carrera atraviesa el Sahara?

El *rally* París-Dakar. Los participantes salen de la capital francesa y compiten durante 20 días, hasta llegar a su homóloga de Senegal, en África Occidental. Los coches deben soportar temperaturas extremas y los rigores de viajar por el polvo y la arena del desierto del Sahara.

¡Increíble! En las competiciones de trial, no se permiten las altas velocidades. Los pilotos saltan obstáculos y sufren penalizaciones si apoyan un pie en el suelo. No pueden superar los 24 km/h.

¿Qué son los *karts* de *rallies*?

Son *karts* de cuatro ruedas concebidos para competir a campo traviesa. Tienen neumáticos anchos para adaptarse al terreno accidentado, potentes motores y armazones estabilizadores.

Rally París-Dakar

¿Es cierto?

Algunas motos tienen tres ruedas.

SÍ. Muchos vehículos todoterreno tienen tres ruedas. Pueden utilizarse para competir o bien en granjas para desplazarse de forma rápida y segura. Los *quads* tienen cuatro ruedas, con neumáticos gruesos y una mejor suspensión.

¿Qué carreras tienen saltos?

En las carreras de *motocross* hay multitud de saltos y batacazos. Las motos rugen por los terrenos más duros, como bosques y campos lodosos e incluso nieve.

Motocross

¿Quién competía con bólidos por la calle?

En Estados Unidos surgió la peligrosa moda de competir de noche por las calles con turismos. Para atajar la celebración de carreras en las carreteras, se organizó como deporte oficial.

Bólidos

Gran Premio de Montecarlo

¿Es cierto?

Los coches de carreras ya no pueden correr por las ciudades.

NO. Varios grandes premios todavía se corren en vías públicas. La carrera de Montecarlo se celebra exactamente en el mismo circuito desde 1929. El Gran Premio de Australia, en Melbourne, es otro ejemplo. Se prohíbe la circulación pública por las calles y se colocan barreras de protección. También se celebran docenas de *rallies* entre ciudades.

¿Quién competía entre café y café?

Esta moda nació en Inglaterra en la década de 1960. Se corría con motos modificadas de un café de carretera a otro. Como es lógico, estas carreras en carreteras públicas contravienen la ley.

¿Quién viste un *maillot* amarillo si gana?

El líder de la clasificación general del agitado Tour de Francia lleva una camiseta amarilla. En los últimos años, se han celebrado etapas de la ronda en Inglaterra, España y Bélgica, además de Francia.

¡Increíble! En julio de 1924, Ernest Eldridge batió el récord mundial de velocidad en tierra en una carretera francesa con un Fiat de 1907 especialmente fabricado llamado *Mephistopheles* y alcanzó los 234 km/h.

Mephistopheles

¿Qué carrera precisa sol?

En Australia se celebra cada año una carrera de coches que se desplazan con energía solar. El *Sunraycer* es uno de los competidores, con docenas de células solares en su carrocería. Estas recargan las baterías y alimentan el motor eléctrico. El Sunraycer alcanzó una media de 40 km/h.

¿Es cierto?

Violent Violet batió el récord de velocidad eléctrica.

SÍ. La *superbike Violent Violet* alcanzó una velocidad de 166 km/h y se convirtió en la motocicleta con alimentación eléctrica más rápida del mundo. Tiene grandes tubos que dirigen el aire de refrigeración a su potente motor y un pesado generador detrás.

Violent Violet

La Bala Belga

¡Increíble! En 1899, un coche eléctrico podía superar fácilmente cualquier vehículo de gasolina. El belga Camile Jenatchy inventó un motor magnético y lo colocó en un coche con forma de torpedo, llamado *La Bala Belga*. ¡El coche alcanzó los 105 km/h!

¿Qué coches no necesitan gasolina?

Los coches eléctricos y los solares no utilizan gasolina. Desde el siglo XIX, se han construido coches que no queman combustible líquido. Por desgracia, suelen ser menos fiables y más lentos que los vehículos de gasolina.

Coche eléctrico

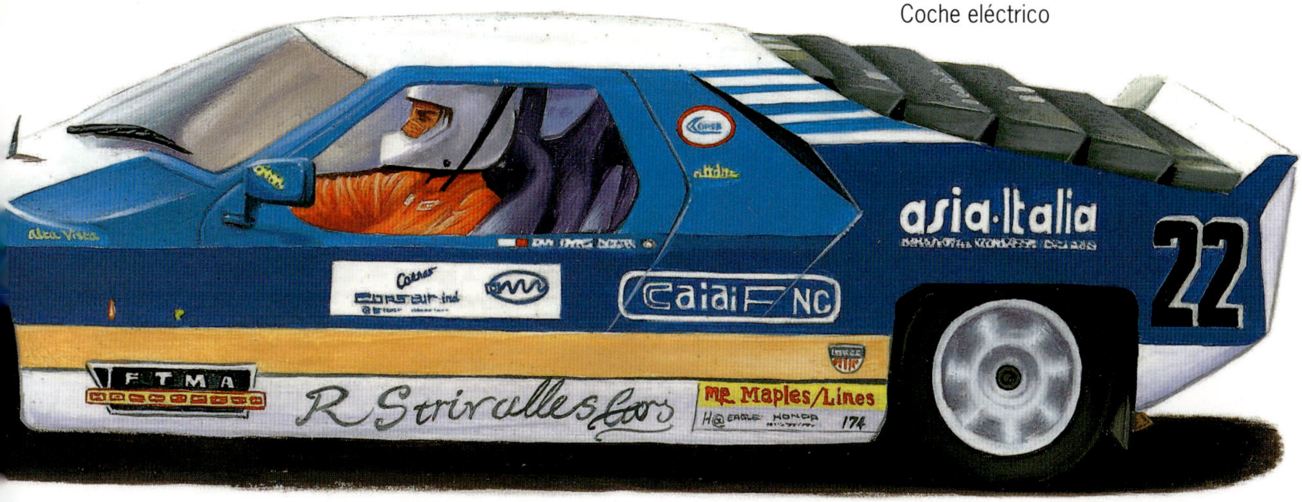

¿Qué velocidad puede alcanzar un Sinclair C5?

En 1996, Adam Harper alcanzó los 240 km/h y rompió el récord británico de velocidad por tierra de un coche eléctrico con *Alien*, un Sinclair C5 modificado.

Alien

¿Dónde ganas si quedas último?

Un *derby* de demolición no es una carrera sino una prueba de resistencia. Turismos modificados se destrozan entre sí y el ganador es el último que permanece en movimiento. Es un deporte peligroso y los conductores están protegidos por arneses y armazones de seguridad.

¡Increíble!

¡Algunos tractores tienen motores de avión! Los tractores remolcadores tienen que arrastrar un pesado yunque de 100 toneladas por una pista de tierra de 100 m.

Tractor remolcador

Fórmula 1 de alimentación por gravedad

¿Qué coches de carreras no tienen motor?

Los Fórmula 1 de alimentación por gravedad corren cuesta abajo, ya que no tienen motor, tan sólo una palanca de dirección y un pequeño freno. Los pilotos los hacen descender por pronunciadas pendientes a velocidades de unos 100 km/h.

Derby de demolición

¿Es cierto?

Hay carreras de cortacéspedes.

SÍ. Hay personas que compiten con sus cortacéspedes. Es más barato que la Fórmula 1 y al mismo tiempo mantiene corta la hierba. ¡Eso demuestra que si algo tiene ruedas, siempre habrá quien lo utilice para hacer una carrera!

Camiones de carreras

¿Hay carreras de camiones?

Sí. Hay camiones acondicionados que compiten en circuitos. Parecen estándar, pero son mucho más rápidos. Algunos tienen incluso motores a reacción y alcanzan velocidades superiores a 600 km/h.

¿Quién lleva casco en el mar?

Los pilotos de embarcaciones motoras deben llevar cascos de protección. Estas embarcaciones están hechas de aluminio y todos los miembros de la tripulación están sujetos a una cuerda que para el motor en caso de caída al mar. ¡Las embarcaciones motoras pueden alcanzar los 220 km/h (120 nudos)!

¡Increíble! Las motoras pueden despegar a altas velocidades ya que el aire que se acumula debajo de ellas puede levantarlas por encima del agua, con resultados desastrosos.

Lancha motora

¿Cuál es la nave acuática más rápida?

En 1978, Kenneth Warby alcanzó una velocidad oficial de 511 km/h (276 nudos) con su hidroplano *Spirit of Australia*, en el embalse de Blowering (Australia).

Hidroplano

¿Qué embarcaciones usan chorros de agua?

Los barcos de toberas y las motos acuáticas utilizan chorros de agua para propulsarse. Al igual que el motor a reacción de un avión expele el gas caliente hacia atrás, impulsando el aparato hacia delante, un surtidor de agua expulsa agua presurizada hacia atrás e impulsa la embarcación hacia delante. ¡Es accidentado pero resulta muy divertido!

Moto acuática

¿Es cierto?

Hay embarcaciones impulsadas por ventilador.

SÍ. Los aerodeslizadores están impulsados por hélices montadas a bastante altura, para ir tanto por tierra como por agua. En ríos pantanosos, las hélices subacuáticas se atascarían con las plantas.

¿Qué plusmarquista tenía tres cascos?

El trimarán *Yellow Pages Endeavour* marcó el récord de velocidad de navegación a vela. Con una vela aerodinámica sobre sus pequeños cascos, la embarcación alcanzó una velocidad de 46,53 nudos. Estaba tripulada por dos personas que iban en una cabina cerrada.

¿Qué son los catamaranes?

Son embarcaciones de dos cascos que pueden utilizarse para competir, navegar por placer o bien como barcos de pasajeros. Navegan con mayor facilidad que las de un solo casco y son más estables con mar gruesa.

Veleros de tierra

¡Increíble!

Algunas embarcaciones compiten alrededor del mundo impulsadas sólo por el viento. La Round The World Yacht Race se celebra cada cuatro años. Algunos navegantes muy diestros compiten incluso contra los vientos y las corrientes.

¿Es cierto?

Hay quien compite con embarcaciones en tierra.

SÍ. Hay veleros de tierra de tres ruedas que hacen carreras en las playas a unos 125 km/h. Otros veleros compiten en vías de tren en desuso e incluso los hay que van por la nieve.

Veleros de hielo

¿Qué embarcaciones patinan sobre el hielo?

Los veleros de hielo pueden superar los 220 km/h. Parecen embarcaciones de carreras normales, con velas altas y cuerdas largas, pero en lugar de cascos tienen patines.

¿Qué eran los *Gee Bees*?

Los aviones estadounidenses Gee Bee compitieron en la década de 1930. La empresa fabricante se llamaba Granville Brothers (G.B.). Estos aviones cortos y gruesos alcanzaban velocidades de casi 480 km/h ¡en carreras de 8.800 km! Por entonces se hacían carreras de aviones para demostrar que era un medio de transporte seguro.

Carrera MacRobertson

¿Cuál fue la carrera aérea más larga?

Fue la carrera MacRobertson, desde Mildenhall (Inglaterra) hasta Melbourne (Australia), en 1934. La ganó la tripulación de un De Havilland con un tiempo de 70 horas y 54 minutos.

¿Es cierto?

El primer vuelo alrededor del mundo sin escalas se completó en 1933.

NO. Wiley Post hizo el primer vuelo en solitario alrededor del mundo en su *Winnie Mae* en 1933, pero tuvo que parar varias veces para repostar. Fue un viaje de 25.000 km y tardó más de una semana en completarlo.

Winnie Mae

¡Increíble! El primer vuelo sin escalas alrededor del mundo tuvo lugar en 1986. Dick Rutan y Jeana Yeager tardaron nueve días en recorrer 40.000 km. A su ligero aeroplano *Voyager* sólo le quedaban 68 litros de combustible cuando aterrizó en la base aérea de Edwards.

Gee Bees

Voyager

¿Cuándo se celebró la primera carrera aérea?

Fue en 1909, cerca de Reims (Francia). Tuvo lugar sólo seis años después del primer vuelo de los hermanos Wright.

CAPÍTULO DOS

BARCOS Y SUBMARINOS

¿Quién cruzó el Atlántico en un barco de cañas?

En 1970, Thor Heyerdahl, científico y explorador noruego, y su tripulación de siete personas cruzaron el océano Atlántico en un velero hecho con cañas. El viaje demostró que los marineros del antiguo Egipto podían haber completado el viaje en barcos de cañas miles de años antes de que Cristóbal Colón lo hiciera en 1492.

Barco de cañas de papiro *Ra II*

¿Es cierto?

Las canoas de una pieza todavía se utilizan en la actualidad.

SÍ. Aún se fabrican y se utilizan canoas en muchas partes del mundo. Se usan para pescar y remar en los ríos. Los pescadores que viven en islas del Pacífico, como Tonga, se hacen al mar en canoas con balancines (pequeños cascos laterales) que ayudan a mantener el equilibrio.

¿Cómo se fabricaban las canoas?

Antiguamente las canoas se hacían ahuecando grandes troncos de árboles. Se raspaban y se quitaba la madera con herramientas sencillas. Aquellas canoas de una pieza fueron unas de las primeras embarcaciones.

Canoa

¡Increíble!

Unos botes llamados *quaffas*, utilizados en el río Éufrates, en Siria e Irak, se hacían como las cestas. De hecho, la palabra *quaffa* significa «cesta». Estaban hechos con ramas entrelazadas y cubiertas de alquitrán. Los *quaffas* más grandes tenían capacidad para 20 pasajeros.

Coracle

¿Quién iba a pescar en pieles de animales?

Los pescadores galeses e irlandeses solían ir a pescar en pequeños botes llamados *coracles* que se fabricaban cubriendo un armazón de palos flexibles con pieles de animales. Algunos pescadores aún utilizan embarcaciones de este tipo de lona.

Drakar vikingo

¿Quiénes utilizaban drakares?

Hace unos 1.000 años, los guerreros vikingos impulsaban sus drakares a remo cuando el viento soplaba en dirección opuesta o con calma chica. Los drakares eran estilizados barcos de madera con una vela cuadrada, utilizados para explorar e invadir.

¿Es cierto?

Hay botes que se impelan con un solo remo.

SÍ. Algunos botes, como las góndolas venecianas, se impulsan con un solo remo. El remero se coloca en la popa (detrás) y mueve un largo remo a un lado y al otro de la góndola.

¿Quién remaba durante el combate?

Los antiguos griegos luchaban en barcos de guerra llamados «galeras». Los esclavos remaban mientras los soldados luchaban en cubierta. Las galeras tenían un agudo espolón en proa (delante) para hundir los barcos enemigos. Una galera con tres filas de remos a cada lado se llamaba «trirreme».

¡Increíble! Muchas personas han cruzado el océano Atlántico o el Pacífico, y algunas de ellas lo han hecho en solitario. Se tarda dos meses o más en atravesar el Atlántico y cuatro o más en cruzar el Pacífico.

Trirreme de la antigua Grecia

Ochos compitiendo

¿Quién dirige un «ocho»?

Un «ocho» es un bote de remos de carreras. El noveno miembro del equipo, el timonel, marca el ritmo a los remeros y dirige la embarcación con un pequeño timón situado en la popa.

¿Es cierto?

Los marineros tenían que trepar por los mástiles para cambiar las velas.

NO. Los marineros tenían que situarse en la arboladura para cambiar las velas, pero subían por escalas de cuerda y no por los mástiles de madera. ¡Y sin sogas de seguridad!

¿Qué eran los clípers?

Un clíper era un veloz barco velero de carga. Los clípers se construyeron en Estados Unidos y Europa en el siglo XIX para transportar rápidamente cargas importantes, como té de China, por todo el mundo. Los clípers tenían tres o cuatro mástiles altos con cinco o más velas enormes en cada uno.

Clípers

¡Increíble! **Los grandes veleros solían tener en la parte delantera una talla llamada «mascarón de proa». Algunas de ellas eran figuras de dioses o santos, otras criaturas marinas míticas, como sirenas, y otras eran personajes reales. Los drakares vikingos tenían un dragón o una serpiente temibles.**

¿Qué era un galeón?

Los galeones eran buques comerciales y de guerra utilizados en los siglos XV y XVI. El galeón *Mayflower* llevó a los primeros colonos a América en 1620.

¿Quiénes se hacían a la mar en un junco?

Los marineros chinos llevan más de mil años usando unas embarcaciones llamadas «juncos». Los juncos llevan velas de tela reforzadas con varas de bambú, y los más grandes tienen cinco mástiles. Los juncos fueron los primeros barcos que tenían timón.

¿Quien tenía una calavera por bandera?

La calavera era la bandera que los piratas izaban en sus barcos. Los piratas atacaban las naves especialmente en el Mediterráneo y en el Caribe. Normalmente, mataban a la tripulación, robaban la carga y, a veces, se apoderaban del propio barco.

¡Increíble!

El famoso pirata Barbanegra hacía estallar petardos en su enorme barba para asustar a la gente. Su tesoro enterrado nunca se ha encontrado.

¿Qué era una galera de corsarios?

Los corsarios piratearon en el Mediterráneo hace unos 400 años. Iban en galeras impulsadas por esclavos encadenados a los remos.

Bandera pirata

¿Es cierto? ***Los marineros dormían en camas.***

NO. En general, dormían en hamacas que colgaban de la cubierta. Sólo el capitán y los oficiales tenían camas en sus camarotes.

Bonny y Read

¿Quiénes fueron Bonny y Read?

Mary Read y Anne Bonny eran una famosa pareja de piratas. Read se hizo a la mar disfrazada de chico y Bonny se unió a unos piratas a los 16 años. Se conocieron cuando el barco de Bonny abordó el de Read.

¿Qué dos barcos de vapor tuvieron un tira y afloja?

En 1845, dos vapores de la corona británica jugaron al tira y afloja para ver si las hélices eran mejores que las paletas a fin de mover un barco. El *Rattler*, con una hélice, arrastró hacia atrás al *Alecto*, que tenía paletas, a una velocidad de casi tres nudos.

Rattler

¿Es cierto?

La velocidad de un barco se mide en nudos.

SÍ. Un nudo equivale a 1,85 km/h. Los marineros solían medir la velocidad tirando por la borda un tronco atado a una soga y contando lo rápido que pasaban los nudos hechos en la cuerda.

Piróscafo

¿Cuál fue el primer barco de vapor?

El primer barco propulsado por un motor de vapor se denominó «Piróscafo». Lo construyó en Francia Jouffroy d'Abbans, y tenía dos ruedas de paletas. En 1783 funcionó sólo 15 minutos antes de deshacerse a causa del descomunal movimiento de sus motores.

¡Increíble!

El vapor *Great Eastern* tenía tres tipos de propulsión –velas, paletas y una hélice–. Fue construido por Isambard Kingdom Brunel y presentado en 1858. Por aquel entonces, fue el barco más grande del mundo.

¿Qué vapores utilizaban paletas?

Antes de la invención de las hélices, la mayoría de los vapores usaba paletas impulsadas por motores de vapor. Los vapores con paletas del río Misisipí tienen una gran paleta en la popa, adecuada para aguas poco profundas.

Barco de vapor con paletas del río Misisipí

¿Qué era un vapor de línea?

Un vapor de línea era un barco de vapor de pasajeros o de carga que cruzaba los océanos por rutas fijas y en fechas concretas. En los siglos XIX y XX, millones de personas emigraron de Europa a América en vapores de línea, llevando sus propios alimentos y ropa de cama.

¿Es cierto?

Las anclas sirven para frenar la velocidad de los barcos.

NO. Las anclas hacen que los barcos no sean arrastrados por el viento o la marea. Las anclas se enganchan en rocas o en la arena del lecho marino.

¡Increíble!

Los transatlánticos de crucero modernos son como grandes hoteles flotantes. Tienen capacidad para miles de pasajeros, restaurantes, cines, teatros y varias piscinas.

Club Med 1

¿Qué barco moderno tiene velas?

El lujoso barco de crucero *Club Med* tiene velas además de motor. El uso de las velas cuando sopla el viento permite ahorrar combustible.

¿Qué hace un remolcador?

Es un barco con motores muy potentes que empuja o arrastra grandes barcos. Ayuda a los barcos a entrar y a salir del puerto. También acude a rescatar barcos averiados y los toa a puerto para que los reparen.

¿Cuál es el barco más grande?

El petrolero *Jahre Viking* es el barco más grande jamás construido. Mide 458 m de largo y 68 m de ancho. Su cubierta podría albergar cuatro campos de fútbol. Cuando está completamente cargado pesa 564.000 toneladas.

¿Qué es un transbordador?

Un transbordador es una embarcación capaz de transportar vehículos. Los vehículos como coches, autobuses y camiones suben por sus propios medios al transbordador en un puerto y salen de él del mismo modo cuando este llega a su destino.

¿Es cierto?

Algunos barcos rompen el hielo.

SÍ. **Los rompehielos son barcos capaces de romper gruesas capas de hielo y mantienen abiertas las rutas para otros barcos en invierno. Un rompehielos tiene motores potentes y un casco muy fuerte.**

Transbordador portacontenedores

Petrolero *Jahre Viking*

¡Increíble! Algunos barcos se sumergen para rescatar a otros. Un barco semisumergible se hunde lentamente hasta que su cubierta queda por debajo del agua. Entonces se coloca debajo del otro barco y emerge de nuevo para levantarlo.

¿Qué es un barco portacontenedores?

Es un carguero que transporta cajas metálicas denominadas contenedores. Los contenedores se apilan en la cubierta y, en ocasiones, también en la bodega. Cada contenedor lleva un tipo de carga distinto.

¿Qué barco tiene alas?

Un hidroala tiene las alas sumergidas. Cuando un hidroala se detiene, su casco yace en el agua. Cuando cobra velocidad, sus alas hacen las veces de las de un avión y elevan el casco fuera del agua. Eso hace que le resulte mucho más fácil viajar a altas velocidades.

Aerodeslizador

Hidroala

¡Increíble! **Antes de inventarse los trenes y los camiones, las cargas pesadas se transportaban en unas embarcaciones planas llamadas «barcazas». Se diseñaron para viajar por ríos y canales poco profundos sin que rozara la quilla. Las barcazas todavía se usan en los grandes ríos.**

¿Qué barco vuela?

Un aerodeslizador es un barco que va por encima del agua sobre un colchón de aire. Unos grandes ventiladores introducen aire bajo el aerodeslizador y un faldón de goma impide los escapes de aire. El aerodeslizador se mueve gracias a unas hélices.

¿Qué barco tiene dos cascos?

El catamarán. Los catamaranes pueden desplazarse más rápido que los barcos con un casco (denominados «monocasco»). Los *ferries* de alta velocidad, como el SeaCat, son catamaranes. Su velocidad máxima supera los 40 nudos.

¿Es cierto?

Algunos barcos tienen tres cascos.

SÍ. Se llaman «trimaranes». La mayoría son veleros. Tienen un casco grande en el centro y dos pequeños a los lados para mantener el equilibrio.

¿Quién practica la pesca de arrastre?

Los pescadores usan unos barcos llamados «arrastreros» para capturar peces y otras criaturas marinas, como las gambas. Un arrastrero se mueve despacio por el agua, tirando de grandes redes. Cada pocas horas, se recogen y se vacían las redes. Los arrastreros tienen que ser muy sólidos y estar en buenas condiciones de navegación, ya que suelen pescar en mares tempestuosos.

Arrastrero de gambas

¿Qué es un buque factoría?

Es un enorme pesquero en donde se prepara el pescado para su comercialización e incluso se congela. Estos buques a veces capturan su propio pescado, pero normalmente almacenan el de una flota de pesqueros más pequeños.

Buque factoría

Ballenero

¿Quién buscaba ballenas?

Los balleneros cazaban ballenas por su grasa y también por su carne. Cuando encontraban una ballena, la perseguían en pequeños botes y le lanzaban o disparaban unos arpones para matarla.

¡Increíble! **Los barcos de pesca llamados «palangreros» capturan el pescado con un cordel de 50 km de longitud. A lo largo del cordel hay anzuelos con cebos. Los flotadores del cordel emiten señales luminosas que indican la posición del sedal en la oscuridad.**

¿Es cierto?

Hay quien pesca en kayaks.

SÍ. Se llama «kayak» a la canoa que tiene una cubierta en la parte superior y un pequeño orificio en el que se sienta el tripulante. En el Ártico, los esquimales pescan en kayaks de madera cubiertos con piel de foca.

¿Qué barcos son insumergibles?

Los barcos de salvamento no se hunden aunque vuelquen. Un barco de salvamento tiene un camarote estanco que le permite recuperar la posición normal. Tiene un casco sólido y potentes motores para viajar rápidamente con mar gruesa.

¡Increíble! Se creía que el famoso transatlántico de pasajeros *Titanic* era insumergible. Pero se hundió en su viaje inaugural tras chocar con un iceberg en el Atlántico Norte en 1912.

Buque faro

¿Qué es un buque faro?

Es un barco con un faro en la cubierta. Los buques faro están anclados cerca de aguas poco profundas o rocas peligrosas para advertir a los marineros de que no se acerquen. La mayoría de los buques faro no tiene tripulación y se controla automáticamente desde la costa.

¿Es cierto?

Los socorristas rompen las olas en los rescates.

SÍ. Los botes salvavidas de remos están diseñados para romper las olas cerca de la playa. Cuando no están de servicio, los socorristas compiten con sus barcas.

Remolcador contra incendios

¿Qué barco apaga fuegos?

Los remolcadores contra incendios son como camiones de bomberos en el mar. Están diseñados para apagar incendios en barcos, plataformas petrolíferas o edificios de la costa con el agua de mar que bombean.

¿Qué barco es un aeródromo flotante?

Un portaaviones tiene una enorme cubierta plana y expedita en la que despegan y aterrizan aviones. Estos despegan por la proa mediante una catapulta y aterrizan en popa. Los aviones tienen unos ganchos que se traban con un cable de cubierta y los detienen con una sacudida. Bajo la cubierta hay hangares en los que se guardan y se reparan los aviones.

¡Increíble!

La primera batalla naval entre dos acorazados (barcos de guerra blindados) tuvo lugar en 1862 durante la Guerra de Secesión Estadounidense. El *Monitor* y el *Merrimack* intercambiaron fuego de artillería pero sin causarse daños de consideración.

Portaaviones estadounidense

¿Qué era un acorazado de bolsillo?

Eran barcos alemanes pequeños y rápidos de la década de 1930. Solo se construyeron tres. Cada uno tenía seis enormes cañones, un blindaje de más de 60 mm de grosor y potentes motores diésel.

Acorazado de bolsillo *Almirante Graf Spee*

¿Es cierto?

Algunos barcos usan energía nuclear.

SÍ. Algunos grandes submarinos, portaaviones y rompehielos tienen motores nucleares y pueden viajar durante meses sin necesidad de repostar.

¿Qué barco es invisible?

El buque «invisible» de la armada estadounidense no aparece claramente en el radar del enemigo. Como el avión invisible, tiene una forma y un color especiales y dispersa las señales en los radares enemigos, lo que dificulta su detección.

Buque de guerra invisible

¿Es cierto?

La mayoría de los barcos tiene motores a reacción.

NO. La mayoría tiene motores diésel que hacen girar sus hélices. Pero algunos, como los barcos de guerra y los *ferries* de alta velocidad tienen turbinas que funcionan como los motores a reacción de los aviones.

¿Qué es un yate?

El término «yate» suele designar un velero con un camarote situado en cubierta o debajo de ella. La gente usa los yates para hacer cruceros y competir. La tripulación debe ajustar las velas para aprovechar el viento al máximo. Una yola es un velero pequeño sin camarote.

Motoras

Yates

¿Cuáles son las barcas más rápidas?

Son las motoras, con velocidades máximas de unos 120 nudos (220 km/h). La mayoría se usa para competir. Tienen detrás grandes motores fueraborda y se deslizan por la superficie del agua, rebotando contra las olas y el aire que queda atrapado bajo ellas.

¡Increíble! **Hay barcas impulsadas por chorros de agua. Una potente bomba aspira agua de debajo de la barca y la expulsa por detrás. Ello impulsa la barca hacia delante. Las motos acuáticas también usan chorros de agua.**

¿Quién monta las olas?

Los surfistas recorren las pendientes de las olas haciendo equilibrios con sus tablas. Los más expertos pueden llegar hasta la orilla sobre una ola. Normalmente se deslizan por el «tubo» formado por la cresta de la ola.

¿Son grandes los submarinos?

Los más grandes son los submarinos nucleares de la marina. Los mayores de todos son los submarinos rusos Tifón. Tienen 171 m de largo (como dos campos de fútbol) y pesan 26.500 toneladas. Pueden permanecer meses bajo el agua y recorrer el mundo sin repostar.

Turtle

Submarino alemán de la Segunda Guerra Mundial

¡Increíble! El primer submarino que funcionó parecía un barril de madera. Se construyó en 1776 y se llamaba *Turtle*. El conductor pedaleaba desde el interior para hacer girar las hélices. El Turtle se diseñó para atacar a los barcos situándose debajo y colocando una bomba en sus cascos. Sin embargo, nunca tuvo éxito.

¿Para qué se utilizaban los submarinos?

Los submarinos eran armas de guerra. Los submarinos alemanes utilizados en la Primera y la Segunda Guerras Mundiales hundieron miles de barcos. Se acercaban sigilosamente, ocultos bajo el agua, y lanzaban unos misiles llamados «torpedos». Los torpedos salían disparados por el agua y explotaban cuando impactaban con los barcos.

¿Es cierto?

Los submarinos usan el sonido para ver.

SÍ. El sónar de un submarino emite pitidos que se propagan por el agua. Si el sonido golpea un objeto sumergido, rebota hacia el submarino y lo recoge el sónar. La máquina calcula el tamaño del objeto y la distancia a la que se encuentra.

Manejo del periscopio

¿Qué es un periscopio?

La tripulación de los submarinos utiliza los periscopios para ver los barcos que se encuentran en la superficie encima de ellos cuando están sumergidos. La parte superior del periscopio sobresale por la superficie del agua. Funciona gracias a varias lentes y prismas (piezas triangulares de cristal).

¿Qué es un microsubmarino?

Un microsubmarino (o sumergible) suele usarse para la exploración submarina. Uno de los más modernos es el *Deep Flight 1*, capaz de sumergirse a 1.000 m de profundidad.

¡Increíble!

Los buceadores que reparan tuberías submarinas y plataformas petrolíferas llevan trajes sólidos parecidos a minisumergibles. Pueden descender hasta 300 m. Respiran una mezcla de oxígeno y helio que les vuelve las voces muy chillonas.

¿Es cierto?

Los submarinos pueden sumergirse hasta el fondo del océano.

NO. La máxima profundidad que puede alcanzar un submarino es de unos 700 m. Si descendiera más, la enorme presión del agua rompería su casco y el agua lo inundaría.

Alvin

¿Qué son *Alvin* y *Jason Junior*?

Alvin es un sumergible con tres tripulantes. *Jason Junior* es un robot sumergible que puede manejarse desde *Alvin* o desde un barco en la superficie. En 1985, *Jason Junior* descubrió los restos del naufragio del transatlántico *Titanic* en el fondo del océano Atlántico.

Trieste

¿Qué profundidad puede alcanzar un sumergible?

Los batiscafos (sumergibles especiales con un casco extrarresistente) pueden sumergirse hasta varios kilómetros. En 1960, el batiscafo *Trieste* estableció un récord al respecto descendiendo hasta 10.911 m en la fosa de las Marianas, en el océano Pacífico.

8
6

CAPÍTULO TRES

COCHES

¿Qué era un carruaje sin caballos ?

Un carruaje sin caballos incorporaba un motor en lugar del equino. El primero funcionó con vapor. En Inglaterra, en la década de 1830, algunos servicios de pasajeros funcionaban con coches a vapor, pero eran lentos, ruidosos y sucios, y destrozaban los caminos de los carros.

Daimler y su primer coche

¿Quién inventó el coche?

Dos ingenieros alemanes, Karl Benz y Gottlieb Daimler, empezaron a fabricar coches en 1885, con un pequeño motor de gasolina para impulsarlos.

Coche de vapor de James, 1829

¡Increíble! Cuando aparecieron los primeros vehículos mecánicos en Gran Bretaña, debía caminar delante de ellos un hombre con una bandera roja de precaución (o una luz roja, por la noche). La «Ley de la bandera roja» se introdujo porque otros usuarios de las carreteras, como quienes iban a caballo, se quejaron del peligro.

¿Es cierto?

Los primeros coches no tenían volante.

SÍ. El volante no se introdujo hasta finales de la década de 1890. Antes, los conductores usaban una palanca, como la caña del timón de un barco, o unas manivelas giratorias en una rueda situada en lo alto de una barra vertical.

¿Cuál fue el primer coche que se vendió?

Fue un triciclo construido por Karl Benz. El primer propietario fue un ingeniero francés llamado Émile Roger, quien lo compró en 1887. Benz pronto tuvo una fábrica de coches, aunque solo se vendieron unas pocas unidades de triciclos.

Motorwagen patentado por Benz

¿Quiénes iban muy abrigados en coche?

Los conductores y los pasajeros de los primeros coches debían llevar ropa de protección para viajar por el campo. La mayoría de los coches no tenía parabrisas, puertas ni carrocería para resguardarse del viento y la lluvia, ni del polvo y el lodo de los caminos. Por ello la gente llevaba gruesos abrigos o capas de caucho, sombreros con visera y enormes gafas.

¡Increíble! A principios de la década de 1900 no había gasolineras. Los herreros de las ciudades solían vender gasolina a los conductores. Tampoco había garajes ni mecánicos, de modo que los conductores llevaban en los coches su propia caja de herramientas y piezas de repuesto en caso de avería.

Modelo T de Ford

¿Qué era un «Tin Lizzie»?

El Modelo T de Ford se conocía como «Tin Lizzie». Era pequeño, fiable y lo suficientemente barato como para que lo compraran millones de personas.

¿Es cierto?

Henry Ford inventó la cadena de producción.

NO. Ya existía antes de que Henry Ford empezara a fabricar coches. Pero inventó la cadena móvil, donde los coches avanzaban conforme se añadían piezas.

¿Quién hablaba al conductor a través de un tubo?

En algunos de los primeros coches, los pasajeros se sentaban tras una pantalla de vidrio. El conductor estaba delante y recibía instrucciones a través de un tubo metálico.

Landaulet de Austin, 1911

¿Quién conducía un Silver Ghost?

El Silver Ghost fue uno de los primeros coche fabricados por la empresa Rolls-Royce. Sólo los ricos podían permitirse comprar uno y normalmente utilizaban un chófer para conducirlo. Como todos los coches Rolls-Royce, el Silver Ghost era famoso por ser muy silencioso y estar muy bien fabricado.

Austin Seven

¿Qué coche resultaba muy barato?

El Austin Seven era tan económico que utilizaba medio penique de gasolina para recorrer un kilómetro. El Seven era tan pequeño que a menudo se le llamaba «coche de juguete» y su precio de venta era muy reducido.

¿Es cierto?

Los taxis han tenido siempre taxímetros.

SÍ. «Taxi» es la abreviatura de «taxímetro», contador diseñado en 1891 que registraba la distancia que había recorrido un coche de caballos. Cuando se introdujeron los taxis motorizados en 1907, también tuvieron que tener uno.

¿Quién viajaba en un charabán?

Los trabajadores de las fábricas y sus familias solían viajar en sus días libres a la costa o a la ciudad en estos vehículos. Eran como vagones abiertos con bancos en la parte posterior para los pasajeros. Los primeros charabanes eran tirados por caballos.

Silver Ghost de Rolls-Royce

Bugatti Royale

¡Increíble! El Bugatti tipo 41 Royale fue diseñado por Ettore Bugatti como el coche más lujoso de la historia. Su intención era que cada familia real europea comprara uno. El coche medía 6,7 m de largo, pero sólo se fabricaron seis Royales y únicamente se vendieron tres. Actualmente, si aparece un Bugatti Royale en una subasta, alcanza un precio millonario.

¡Increíble! **En algunos de los primeros coches, los pasajeros se sentaban en el maletero. Estos «asientos abatibles» estaban ocultos en la elegante parte posterior curva de muchos coches deportivos.**

¿Quiénes fueron los Bentley Boys?

Bentley Boys era el apodo de un grupo de conductores que hacía carreras de coches Bentley a finales de la década de 1920 y principios de la de 1930. Los Bentley verde oscuro participaron en todas las grandes carreras de la época, como la de resistencia de Le Mans.

Bentley Supercharged de 4,5 litros

¿Es cierto?

Antes de que se inventaran los indicadores los conductores hacían señales con la mano .

SÍ. Los indicadores mecánicos se inventaron en 1932. Hasta entonces, los conductores sacaban los brazos para señalar que iban a girar. Los intermitentes aparecieron en la década de 1950.

¿Qué conducían las estrellas de cine de la década de 1930?

Por aquel entonces, las estrellas de Hollywood tenían lujosos coches acordes con su imagen. Elegían grandes descapotables deportivos para que sus admiradores pudieran verles al pasar.

Auburn Speedster

¿Quiénes usaban potentes coches para huir?

En la década de 1930 había muchas bandas de criminales llamados gángsteres en las ciudades estadounidenses. Utilizaban coches muy rápidos, como el Ford V-8, para huir tras atracar bancos o matar a gángsteres rivales.

Cadillac V-16 1930

¿Qué era el «Tin Goose»?

«Tin Goose» fue el apodo de un coche de motor posterior que existió poco tiempo, el Tucker '48. Incorporaba elementos originales, como un sólido compartimento de seguridad para los pasajeros y un tercer faro delantero que giraba cuando el conductor volteaba el volante.

Tin Goose de Tucker

Citroën de «tracción delantera»

¿Por qué era tan especial el Citroën 7CV?

El Citroën 7CV de 1934 fue el primer coche conducido por las ruedas delanteras, lo que se denominó «tracción delantera». También fue uno de los primeros coches con una carrocería de una pieza en lugar de un chasis con un bastidor encima.

¡Increíble! **Hasta 1931 hubo coches a vapor. Abner Doble fabricó su primer coche a vapor en 1905 y siguió construyendo varios modelos lujosos. Tenían gran potencia y eran muy silenciosos, pero a un precio de 8.000 a 11.000 dólares, resultaban prohibitivos para el conductor medio.**

¿Cuál fue el coche del pueblo?

Fue el primer Volkswagen (que significa «coche del pueblo» en alemán). Fue diseñado en la década de 1930 por el doctor Ferdinand Porsche como un pequeño turismo de uso económico. Pronto se apodó «Escarabajo». Se han fabricado más de 40 millones de unidades.

Volkswagen Escarabajo

¿Es cierto?

Hay coches blindados.

SÍ. Son vehículos militares con planchas de acero para que sean a prueba de balas. Normalmente incorporan un pequeño cañón. Las empresas de seguridad suelen usar furgonetas blindadas para transportar dinero u objetos valiosos. Algunas limusinas también tienen planchas blindadas.

¿Qué coche podía volar?

En 1949, el inventor estadounidense Molt Taylor construyó un coche capaz de transformarse en avión. En 1953, el coche había volado ya más de 40.250 km. En tierra, el *Aerocar* llevaba la cola y las alas en un remolque.

Aerocar aerotransportado

Aerocar sin alas

¿Es cierto?

Los coches estadounidenses tenían las aletas más grandes.

SÍ. En la década de 1950, los diseñadores de coches estadounidenses empezaron a añadir piezas puntiagudas, como aletas traseras. Algunos elementos se copiaron de los cazas a reacción de la época. Las aletas de cola solían llevar filas de luces. Estos enormes y sedientos coches tenían también mucho cromo en su carrocería.

¡Increíble! El conductor de un Cadillac Coupe de Ville no debía preocuparse por deslumbrar a otros con sus faros, ya que el coche incorporaba un ojo electrónico que detectaba faros en sentido opuesto y bajaba los suyos automáticamente.

¿Qué coche tenía alas de gaviota?

Las puertas del Mercedes 300SL de 1952 se abrían hacia arriba como alas de gaviota. La idea se abandonó ya que no podían abrirse si el coche volcaba.

Mercedes 300SL

¿Qué era un «T-bird»?

«T-bird» era el apodo del Ford Thunderbird. El primer modelo apareció en 1953. Era un enorme descapotable de dos plazas. En la década de 1950, los fabricantes estadounidenses fabricaron muchos coches de gran consumo como el Thunderbird.

Ford Thunderbird

¿Quién conducía un huevo?

Los propietarios de pequeños triciclos fabricados en las décadas de 1950 y 1960. Sus vehículos se llamaban «coches huevo» por su forma redondeada. La parte frontal se abría para que los pasajeros entraran y salieran.

Coche huevo Isetta de BMW

¿Qué es un Smart?

Este coche es el fruto de un acuerdo entre el fabricante de relojes Swatch y Mercedes Benz. Sólo mide 2,5 m de largo y pesa 680 kg. Su reducido tamaño lo convierte en el coche ideal en ciudades congestionadas.

Smart

¡Increíble! **Algunos coches de juguete son mucho más grandes que otros. Los padres ricos pueden comprar a sus hijos coches de juguete que son réplicas de autos reales. Tienen motores de verdad y los mandos y luces de un coche normal, pero no pueden utilizarse en la calzada.**

Mini Minor de Morris

¿Es cierto?

Un coche puede estirarse.

SÍ. Se consigue cortándolo en dos e incorporando una pieza adicional en el centro. Los coches más largos del mundo son lujosas limusinas estiradas.

¿Qué es un Mini?

Es un pequeño coche británico, concebido por el famoso diseñador de autos Alec Issigonis. Fue lanzado en 1959 y se puso muy de moda en la década de 1960. Muchas estrellas del cine y del pop compraron Minis.

¿Hay coches con llamas?

Una de las técnicas más populares y antiguas de personalizar los coches consiste en pintar llamas en la carrocería. Las llamas multicolores dan una sensación de velocidad y potencia. La personalización es una forma de dar al coche un carácter propio modificando su forma y repintándolo.

Lowrider

¿Es cierto?

T-bucket es un coche en forma de «t».

NO. Un T-bucket es un Modelo T de Ford con muchas piezas sustituidas por otras más grandes, brillantes y potentes, como un enorme motor, neumáticos gruesos, suspensión mejorada y tubos de escape de cromo.

¿Qué es un *lowrider*?

Es otro tipo de coche personalizado. Estos coches parecen estar chafados. De hecho, se elimina una sección de coche que queda por encima de la puerta y se baja la suspensión.

Coche personalizado con llamas pintadas

Street rod

¡Increíble! Los *lowriders* pueden saltar por los aires. Su suspensión personalizada permite ajustar la carrocería a distintas alturas. La suspensión es tan potente que los conductores pueden hacer que sus coches literalmente salten.

¿Qué es un *street rod*?

Es un turismo antiguo que su dueño ha personalizado para ferias y exhibiciones. Los *street rods* suelen tener motores extrapotentes, el techo más bajo y enormes neumáticos traseros. Los propietarios más fanáticos dedican todo su tiempo libre a abrillantar sus coches.

¿Qué es un deportivo?

Un deportivo es un coche diseñado para disfrutar de una conducción veloz y divertida. Los deportivos tienen motores potentes para lograr una rápida aceleración y altas velocidades máximas, además de neumáticos anchos para obtener un mayor agarre. Normalmente sólo cuentan con dos asientos y un maletero con muy poca capacidad.

Jaguar tipo E

Porsche 911

¿Qué deportivo se fabrica todavía a mano?

Los deportivos Morgan todavía se hacen a mano en la fábrica de Malvern (Inglaterra). Aunque parecen antiguos, pueden competir con cualquier deportivo moderno.

Morgan Plus Eight

¡Increíble! **El deportivo Austin-Healey Sprite parecía una rana. Con sus protuberantes faros y la sonriente rejilla del radiador, este clásico se ganó el nombre de «ojo de rana» tras su lanzamiento en 1958.**

¿Es cierto?

Se llama «cabriolés» a los descapotables.

SÍ. Ambos términos son sinónimos. En estos coches, se puede plegar el techo hacia atrás a mano o mediante un dispositivo eléctrico. Los descapotables son muy populares en países de clima cálido.

Lotus Elise

Ferrari 360 Modena

¿Qué potente coche tiene nombre de caballo salvaje?

El Ford Mustang tomó su nombre del caballo salvaje norteamericano, o *mustang*. Fue lanzado en 1964 y resultó un gran éxito gracias a su rendimiento y a su bajo coste.

Ford Mustang

¿Qué era un *jeep* Willys?

Hasta mediados de la Segunda Guerra Mundial, la empresa Willys-Overland fabricaba coches corrientes. Pero cobró fama cuando empezó a producir uno de los coches más conocidos de todos los tiempos. El *jeep* Willys era un vehículo con tracción integral para todo uso, utilizado por el ejército estadounidense.

Limusina de Crossley

Jeep Willys

¿Qué es la tracción integral?

Significa que el motor hace girar las cuatro ruedas. En la mayoría de los coches, el motor sólo mueve las dos delanteras. La tracción integral resulta idónea para conducir por pistas lodosas y pendientes escarpadas.

¡Increíble! El rey Jorge V de Inglaterra poseía una limusina de seis ruedas. La fabricó Crossley en 1929 e incorporaba un motor de 3,8 litros y seis cilindros. El rey la utilizaba para viajar por el país, pero nunca llegó a producirse en serie.

¿Es cierto?

Un coche ha viajado por la Luna.

SÍ. Las misiones Apolo 15, 16 y 17 enviadas a la Luna en la década de 1970 llevaron vehículos lunares. Los astronautas condujeron estos cochecitos por la superficie lunar en busca de rocas interesantes. Los tres vehículos se encuentran actualmente en la luna.

¿Qué coche podía nadar?

El *Amphicar* de 1962 era mitad coche y mitad barca. Tenía dos hélices detrás y las ruedas delanteras hacían las veces de timón. Las grandes aletas de cola impedían que el agua inundara el motor.

Amphicar

¿Cómo fabrican coches los robots?

En las cadenas de producción hay robots que sueldan y pintan coches. Un ingeniero les da las órdenes y repiten la acción con gran precisión. ¡Trabajan 24 horas al día sin cansarse nunca!

Cadena de producción robotizada

¿Quién realiza las pruebas de choque?

Los muñecos de pruebas ocupan los asientos cuando se hacen chocar los coches. Los muñecos electrónicos miden qué les sucede y si los elementos de seguridad funcionan correctamente. Los coches que no superan la pruebas deben diseñarse de nuevo.

Muñeco para pruebas de choque

¿Es cierto? ***Los coches se prueban en un túnel aerodinámico.***

SÍ. Un túnel aerodinámico es un tubo con un gran ventilador en un extremo. Los ingenieros comprueban cómo fluye el aire alrededor de los coches. Cuanto mejor fluye, más veloz es el coche y menos consume.

¡Increíble! Cuando los coches se desechan, una máquina los reduce a cubos. Primero lo aplasta en una dirección y luego en otra. El metal del cubo se recicla para fabricar coches nuevos.

¿Cómo se diseñan los coches?

Cada pieza se diseña por ordenador. Los ingenieros dibujan su forma y la del coche, y el ordenador controla las máquinas que las fabrican.

¿Qué es un motor de combustión interna?

Es el tipo de motor que tiene la mayoría de los coches. «Combustión interna» significa que una mezcla de combustible y aire se quema dentro de unos cilindros en forma de lata dentro del motor.

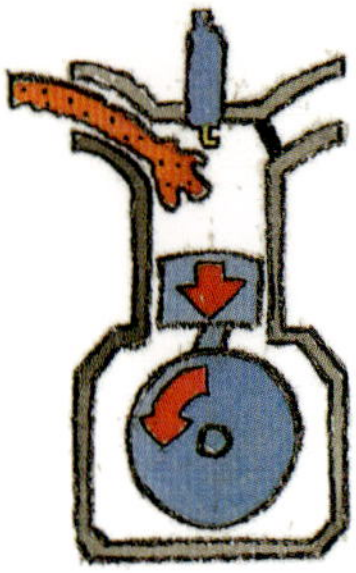

1 Combustible y aire entran en el cilindro

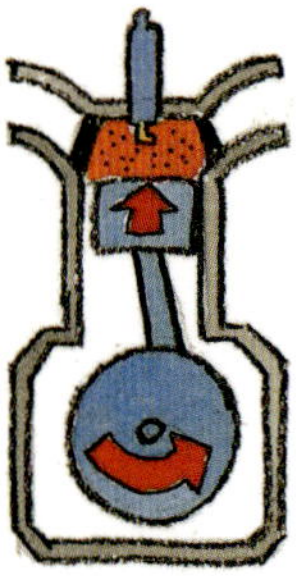

2 El pistón presiona la mezcla

3 La mezcla prende con una chispa que empuja el pistón hacia abajo

4 El pistón expulsa los gases de escape

¿Por qué tiene marchas un coche?

Para poder arrancar y moverse a distintas velocidades. La primera marcha permite arrancar. La primera y la segunda son para ir despacio. Y la cuarta y la quinta, para ir rápido.

Austin-Healey 3000 Mk III

¿Es cierto?

El dibujo de un neumático se agarra a la carretera.

NO. El dibujo es el diseño de las estrías alrededor de un neumático. Estas evacuan el agua que hay entre el neumático y el firme mojado para que la goma pueda tocar la superficie de la carretera y se agarre.

¿Qué son las ballestas y los amortiguadores?

Ambos forman la suspensión de un coche, que hace que la gente viaje más cómoda. Los muelles permiten que las ruedas del coche se muevan arriba y abajo al pasar por baches. Los amortiguadores impiden que el coche vaya rebotando después de pasar por los baches.

¿Qué coche tenía un asiento eyectable?

En la película *Goldfinger*, James Bond conducía un Aston Martin DB5 con un asiento de copiloto eyectable. Bond lo utilizaba para deshacerse de sus enemigos. El Aston Martin también incorporaba metralletas, blindaje y púas que salían de las ruedas para pinchar los neumáticos de otros coches.

Aston Martin DB5

¡Increíble! **Cuando el Papa sale del Vaticano, utiliza un coche especial, llamado «papamóvil». Tiene una cúpula de cristal antibalas. Cuando el Papa hace un recorrido permanece de pie bajo la cúpula asldo a un pasamanos. Sus fieles y él pueden verse fácilmente sin temor a atentados.**

Rolls Royce de John Lennon

¿Quién tenía un Rolls-Royce pintado con motivos floreados?

Los Beatles fueron el grupo pop más destacado de la década de 1960. El cantante John Lennon pintó su Rolls-Royce Phantom VI con motivos modernos y multicolores.

¿Qué coche tenía seis ruedas?

El Panther Six, con su forma de cuña, fue diseñado por Bob Jankel en 1977. Tenía cinco metros de largo y más de dos de ancho. Las cuatro ruedas delanteras eran motrices. El coche nunca llegó a venderse al público.

¿Es cierto?

***Había un coche llamado* Chitty Chitty Bang Bang.**

SÍ. En la década de 1920, el conde Louis Zborowski encargó tres coches de carreras increíblemente rápidos con ese nombre. El conde, que era un gran aficionado, compitió con los tres coches, pero murió en su Mercedes en 1924.

Panther Six

¿Qué coche encoge?

El Renault Zoom es un pequeño coche capaz de acortarse doblando hacia arriba sus ruedas traseras. Eso le permite aparcar en plazas pequeñas. El Zoom también tiene un motor eléctrico «verde», alimentado con baterías recargables.

Coches Zoom

NECAR 4

¿Cuál es el coche más limpio?

El NECAR 4 funciona con hidrógeno líquido que se almacena en un cilindro en la parte posterior del vehículo. El hidrógeno pasa por una pila de combustible que genera la electricidad necesaria para alimentar el coche. Estos coches son silenciosos y eficientes, y en lugar de sucios gases de escape, solo producen agua.

¿Es cierto?

Los coches pueden funcionar con plantas.

SÍ. En Brasil hay una fuente de combustible alternativa, tomada directamente de una planta. Un «árbol combustible» puede producir casi 20 litros. Los brasileños planean tener grandes plantaciones de árboles para resolver el problema de la escasez de combustible.

¿Qué coche funciona con energía solar?

Están empezando a crearse coches capaces de convertir la luz del sol en energía eléctrica para alimentar sus motores. El coche de energía solar del futuro podría parecerse al de debajo, con paneles solares en el techo.

Prototipo de coche solar

MALLARD
NER
4468
No 4468

CAPÍTULO CUATRO

TRENES

¿Qué tren era tirado por caballos?

Entre 1800 y 1825, hubo «trenes» sin motor en Gales y Austria. Unos caballos los arrastraban por las vías. Así, el viaje resultaba menos accidentado que por carretera.

¿Cuál fue el primer tren de pasajeros?

La *Locomotion* de Stephenson fue la primera máquina utilizada en un ferrocarril público, entre Stockton y Darlington, en Inglaterra en 1825. El *Rocket* de Stephenson ganó un cuantioso premio en efectivo en una competición celebrada cuatro años después.

Catch Me Who Can de Trevithick, 1808

¿Cuál fue la primera máquina?

Richard Trevithick, ingeniero de minas, fue el primero en mostrar una máquina móvil sobre una vía en 1804. Arrastró a 70 hombres y 10 toneladas de mineral de hierro, ante una atónita multitud. La siguiente máquina que fabricó fue una atracción de feria.

Vagones tirados por caballos

¡Increíble! ¡Había trenes tirados por caballos hace 50 años! El ramal de Fintona del Great Northern irlandés utilizó la tracción animal hasta principios de la década de 1950.

¿Es cierto? Los antiguos griegos tenían un motor de vapor.

SÍ. Herón de Alejandría escribió acerca de una bola giratoria impulsada por vapor, llamada «eolípila», en el 200 a.C. Pero como los esclavos trabajaban gratis, nadie se preocupó de utilizarla para ahorrar mano de obra.

Enganches

¿Cómo se acoplan los trenes?

Los trenes utilizan uniones especiales llamadas «enganches» para enlazar las distintas partes. Antiguamente los trenes se acoplaban a mano, lo cual podía resultar peligroso.

¿Qué es una locomotora?

Es la parte del tren que contiene la máquina. Se encarga de tirar del tren (o empujarlo) por la vía. Algunas locomotoras tienen que llevar su propio combustible. Tienen ruedas especiales que se agarran a la vía.

Locomotora estadounidense Baldwin

¿Quién conduce el tren?

Los trenes siguen la vía por la que van y no precisan un volante. Una persona ubicada en la caja de empalme puede cambiar la dirección de un tren moviendo unos empalmes especiales situados en las vías y llamados «agujas».

Caja de empalme

¡Increíble! **Algunos trenes se inclinan. Los trenes rápidos modernos toman las curvas a tal velocidad que los pasajeros podrían ladearse. Los ordenadores del tren «notan» las fuerzas laterales y lo inclinan en dirección opuesta para que no se derramen las bebidas.**

¿Es cierto?

El viento mueve trenes.

SÍ. Al menos, así sucedía en el pasado, cuando resultaba difícil conseguir combustible. El ferrocarril que cubría el trayecto Baltimore-Ohio experimentó con energía eólica en la década de 1830.

¿Cómo funciona un motor de vapor?

Un motor de vapor es como una gran tetera. Utiliza la presión del vapor para empujar los pistones dentro de los cilindros. Los pistones accionan unos rodillos giratorios llamados articulaciones, que hacen girar las ruedas y mueven el tren.

¿Cómo se forma el vapor?

Los trenes de vapor necesitan un fogonero que palee el carbón, u otro combustible similar, en un fogón. El calor del fuego hace hervir el agua, que se convierte en vapor. El humo del fuego es expulsado por la chimenea de la locomotora.

Ferrocarril real ruso, 1837

¡Increíble! El primer ferrocarril de Rusia se utilizaba solo para las vacaciones de la familia real. El zar mandó fabricar tres locomotoras en 1837. Los trenes recorrían una línea privada que iba de su palacio a su residencia de veraneo.

¿Es cierto? ***Los trenes de vapor podían alcanzar los 200 km/h.***

SÍ. En 1938, una locomotora de vapor llamada Mallard alcanzó los 202,7 km/h, mientras tiraba de un tren de 240 toneladas. Este récord sigue vigente. La máquina había sido mejorada por Herbert Gresley, que duplicó su potencia. La Mallard se encuentra ahora en un museo en York.

¿En qué época se utilizaba el vapor como fuente de energía?

El vapor vivió su auge como fuente de energía entre 1850 y 1950. A partir de entonces, los trenes de vapor desaparecieron de los países industrializados, donde sólo perviven como atracción turística. Las locomotoras de vapor todavía hacen la mayor parte del trabajo pesado en muchos países en desarrollo.

Locomotora Single de Patrick Stirling

¿Qué diésel era un «ciempiés»?

El ferrocarril de Pensilvania, en EE.UU., usaba máquinas diésel Baldwin por pares. Cada una tenía 12 pequeñas ruedas a cada lado. Unidas, formaban un monstruo de 6.000 caballos, y parecía que tuvieran 24 «piernas».

Kitson-Still, 1924

¡Increíble! **Los motores diésel también pueden ser de vapor. La Kitson-Still de 1924 utilizaba un motor diésel como fuente principal de energía, y también el calor del motor para crear vapor, el cual impulsaba un conjunto de ruedas motrices adicionales.**

¿Por qué se impuso el diésel al vapor?

La energía diésel empezó a usarse para solucionar el problema del humo en las ciudades y en los trenes subterráneos. Durante la Segunda Guerra Mundial, los motores diésel militares pasaron a ser más ligeros y pequeños. Como en los trenes actuales, los motores se ubicaban bajo el suelo de los vagones.

Tren de pasajeros diésel estadounidense de Clase E

¿Qué diésel parecía un avión?

La Kruckenburg alemana de 1931 tenía una gran hélice detrás que la impulsaba por la vía como si fuera un avión. Alcanzó velocidades de hasta 230 km/h durante una prueba de 10 km. Por desgracia, resultaba demasiado ruidosa y peligrosa para su uso cotidiano.

Kruckenburg, 1931

¿Es cierto?

Las locomotoras diésel usan motores eléctricos.

SÍ. Muchos trenes diésel actuales utilizan motores eléctricos para hacer girar las ruedas. La locomotora usa combustible diésel y hace girar un generador que crea la electricidad necesaria para los motores eléctricos. Ello se debe a que los motores eléctricos rotan con gran potencia a cualquier velocidad, a diferencia de los diésel.

Tren eléctrico de Von Siemens

¿Es cierto?

Los trenes eléctricos se inventaron en 1879.

SÍ. Werner von Siemens presentó un tren eléctrico en la Feria de muestras de Berlín de 1879. La gente hacía cola para dar una vuelta en sus pequeños vagones.

¿Qué país adoptó primero la electricidad?

Francia fue el primer país que utilizó trenes eléctricos en una ruta principal y en 1900 todo el recorrido de París a Orléans estaba ya electrificado. Los trenes eléctricos franceses han establecido muchos récords de velocidad. Este tren de 1981 alcanzó los 380 km/h, lo que fue por entonces toda una marca.

¿Qué es un pantógrafo?

El pantógrafo es el conector metálico que va del techo de una locomotora eléctrica hasta el hilo de contacto (similar al mástil que tienen detrás los autos de choque).

¡Increíble! **Un tren eléctrico recorre toda Europa. El Trans-Europ-Express se diseñó para utilizar los distintos voltajes de los diversos países europeos. Sin embargo, los ingenieros deben cambiar sus ruedas cada vez que entra y sale de España.**

Metro

¿Es mejor el motor eléctrico que el diésel?

La energía eléctrica permite a los trenes un consumo energético limpio. La única contaminación se produce en la central en la que se genera la electricidad. La energía eléctrica es ideal para tranvías y metros en las ciudades. Los motores diésel son mejores en trayectos largos donde las grandes extensiones de electricidad resultarían demasiado caras.

Tren de alta velocidad francés (TGV), 1981

Tren de carbón del ferrocarril británico

¿Qué es un carbonero?

Los vagones de carbón también se llaman carboneros. Se cargan en la mina y se llevan al puerto más cercano para fletar su carga en barcos, o bien a una central de energía. Los carboneros se vacían volcándolos o abriendo la trampilla de su parte inferior.

¿Cuál era el tren más lujoso?

El *Orient Express* ofrecía a los pasajeros un salón, una sala para las damas, alcobas con todos los servicios y un fantástico restaurante. Para cenar, se exigía traje de noche. Una versión moderna del *Orient Express* todavía realiza el recorrido entre Londres y Venecia.

Coche restaurante del *Orient Express*

¡Increíble! **Hasta que se inventó el freno de aire en 1869, los guardafrenos debían recorrer todo el tren y frenar cada vagón. Ahora es el conductor quien acciona los frenos.**

¿Qué es un pullman?

George Pullman fue un carpintero que reparó dos vagones de pasajeros estropeados en Chicago en 1859. En la década de 1920, la empresa Pullman tenía 10.000 lujosos coches pullman en servicio. Se hicieron famosos por la comodidad, el estilo y el magnífico servicio ofrecido a sus afortunados pasajeros.

Tren correo

¿Es cierto?

Hay oficinas de correos rodantes.

SÍ. Hay trenes correo subterráneos y de superficie en todo el mundo. Algunos no se detienen (las sacas de cartas se atrapan o se dejan caer al paso del tren). ¡Los clasificadores del tren trabajan muy rápido por si alguna carta es para la estación siguiente!

Tren de cremallera alpino

¿Quién iba por una vía de madera?

En Tasmania había una vía de 7 km de madera de eucalipto. Los reclusos empujaban los vagones colina arriba y saltaban a bordo para la bajada.

¡Increíble! **Algunos trenes tienen dientes. En las colinas escarpadas, las vías lisas resultan demasiado resbaladizas y los trenes patinarían. Las vías «de cremallera» tienen un tercer raíl dentado para que los trenes se agarren con un piñón especial o «diente» en la rueda.**

¿Cómo se tienden las vías?

Primero debe prepararse el terreno. Eso puede significar limpiar un bosque o allanar una superficie en un terreno montañoso. Se colocan traviesas de madera equidistantes y se fijan a ellas los raíles metálicos. Conforme se alarga la vía, los trenes de suministro la recorren y transportan más traviesas y raíles.

¿Qué tren se impulsaba por aire?

En 1861, se construyó un tren que era impulsado a través de un túnel por una ráfaga de aire. El túnel sólo tenía 76 cm de ancho y el tren experimental estaba diseñado para transportar sacas de correo.

¿Es cierto?

Todas las vías tienen dos raíles.

NO. Las monorraíl tienen uno. Los trenes monorraíl son importantes medios del transporte en muchas grandes ciudades y suelen verse en parques de atracciones, aeropuertos y grandes zonas industriales.

Monorraíl

Tendido de una vía en Canadá, 1880

Tranvía de San Francisco

¿Qué tren se mueve por cables?

Los tranvías, como los de San Francisco, son tirados por un circuito de cable conductor hecho de acero muy resistente. El cable pasa por una ranura entre los raíles y los vehículos se sujetan a él. De esta forma, los tranvías pueden subir por pendientes muy pronunciadas.

¿Dónde está la recta más larga?

Cerca de las ciudades es difícil construir tramos rectos de vía. Resulta mucho más fácil en descampados del mundo. El tramo recto de vía más largo está en el desierto de Australia. Es una recta perfecta de 478 km.

¡Increíble! ¡Los ferrocarriles pueden desaparecer! Durante la guerra de Secesión estadounidense, el Sur desmanteló algunos de sus ferrocarriles secundarios para utilizarlos como piezas de repuesto en el frente de batalla. Los estados de Florida y Texas vieron desaparecer todas sus redes ferroviarias.

¿Es cierto?

La red ferroviaria de EE.UU. es más larga que el ecuador.

SÍ. Si se tendieran seguidas todas las vías de tren de EE.UU., se obtendría un carril que daría la vuelta al mundo casi seis veces (unos 240.000 km).

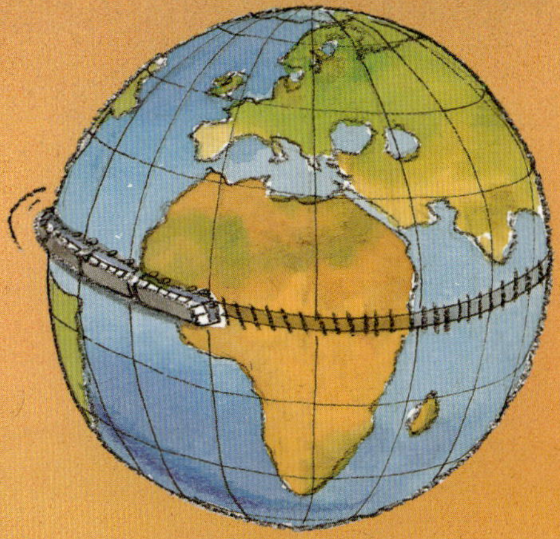

¿Hay algún tren que atraviese toda África?

No hay una línea directa que una El Cairo, en el Norte de África, con Ciudad del Cabo, Sudáfrica, a 9.760 km de distancia. Cecil Rhodes intentó construir un ferrocarril a finales del siglo XIX, pero no pudo encontrar trabajadores suficientes. Los leones se comieron a 28 de sus hombres en las llanuras del Athi, en Kenia. Sin embargo, hay planes para completar pronto esta línea.

El tren Indian Pacific australiano

Tuneladora

¿El túnel del canal de la Mancha es el más largo?

No. El túnel del Canal mide un total de 49,8 km. El Seikan, el túnel japonés que une las islas principales de Honshu y Hokkaido, tiene un trayecto subterráneo de nada menos que 53,9 km.

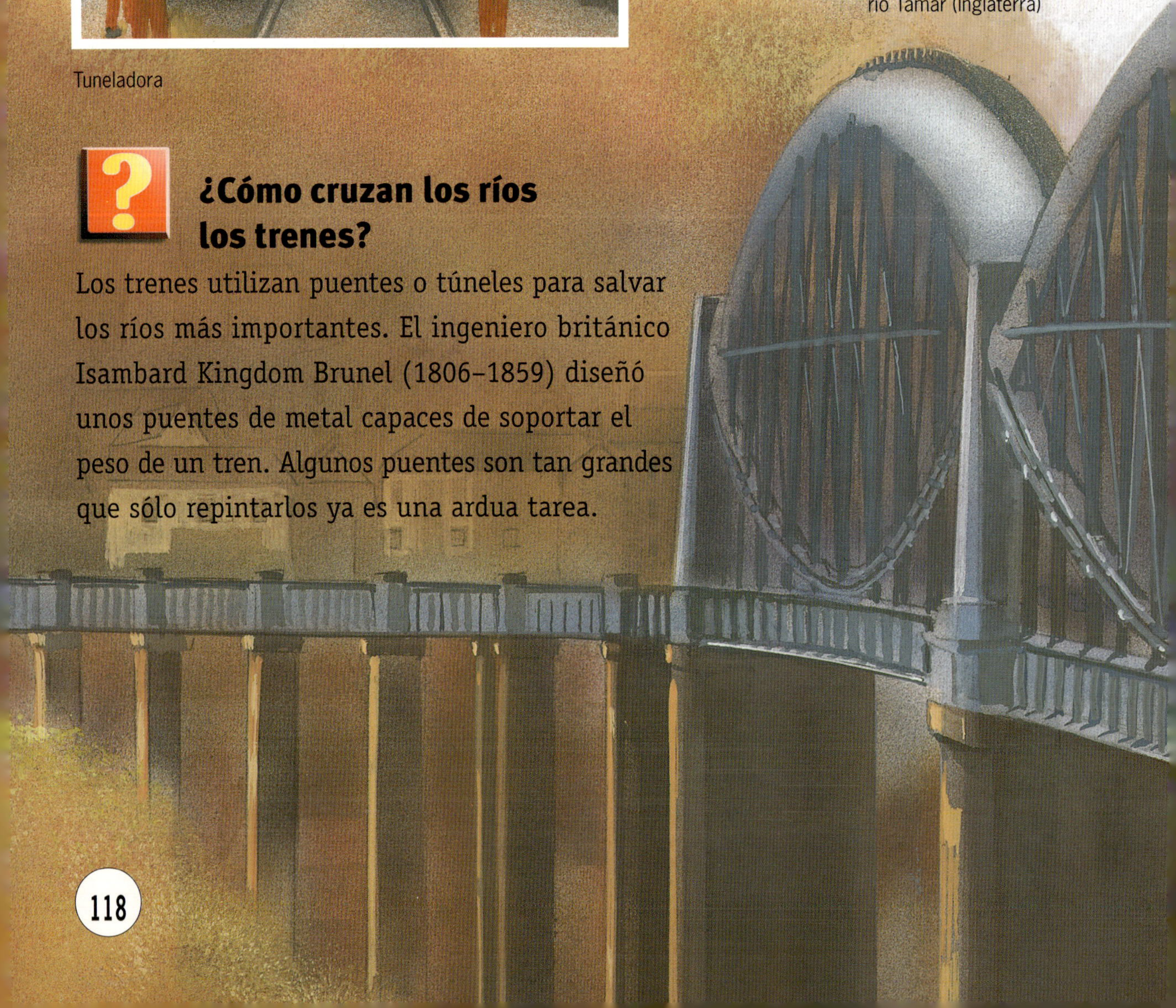

Puente Royal Albert, sobre el río Tamar (Inglaterra)

¿Cómo cruzan los ríos los trenes?

Los trenes utilizan puentes o túneles para salvar los ríos más importantes. El ingeniero británico Isambard Kingdom Brunel (1806–1859) diseñó unos puentes de metal capaces de soportar el peso de un tren. Algunos puentes son tan grandes que sólo repintarlos ya es una ardua tarea.

¿Dónde se construyó el primer ferrocarril urbano elevado?

Como Nueva York tenía problemas de tráfico graves en la década de 1880 (y eso que no había coches), se construyó un «ferrocarril elevado», conocido como «la L», que aún funciona.

Ferrocarril elevado de Nueva York

¡Increíble! Se puede ir en tren a bordo de un barco. Los trenes-*ferry* empezaron a funcionar a finales de la década de 1800 entre Inglaterra y Francia. Los pasajeros iban de Londres a París sin moverse de su asiento.

¿Es cierto?
El túnel de Box Hill (Inglaterra) sabe cuándo es el cumpleaños de su creador.

SÍ. Brunel lo construyó con un ángulo especial para que cada año, ese día el sol iluminara los 3,2 km del túnel.

Metro de Londres, 1940

¿Quién dormía en el metro?

Durante la Segunda Guerra Mundial, cuando Londres sufrió los peores bombardeos, muchas personas se refugiaron en las estaciones de metro. Debían de estar muy apiñados, pero resultaba mucho más seguro que permanecer en la superficie.

¿En qué guerra se usaron trenes por primera vez?

Fue en la Guerra de Secesión estadounidense, entre 1861 y 1865. Pero en la Primera Guerra Mundial se utilizaron muchos más trenes para llevar a los soldados a los distintos frentes de batalla en el norte de Europa.

¡Increíble!

En la guerra de Secesión de EE.UU., el general Sherman, del bando Norte, encabezó la misión de desguazar los ferrocarriles del Sur y doblar los raíles alrededor de postes a modo de horquillas, para impedir su reutilización.

¿Es cierto?

Los primeros tanques viajaban en tren.

SÍ. En la Primera Guerra Mundial, unos nuevos tanques secretos fueron embalados y enviados al frente en tren. Todo el mundo creía que los bultos eran depósitos de combustible.

Tren blindado, Sudáfrica, 1900

¿Existen trenes-tanque?

Algunos trenes estaban blindados para proteger a importantes generales cuando se desplazaban con órdenes para las tropas. ¡Algunos trenes blindados incluso tenían cañones!

Transporte de tropas en la Primera Guerra Mundial

¿Cuál ha sido el mayor delito cometido en un tren?

En 1963, un tren lleno de billetes usados fue asaltado en Buckinghamshire (Inglaterra). Los ladrones huyeron con más de 2,5 millones de libras, una suma enorme incluso en la actualidad.

Escena de El gran robo del tren

¡Increíble! En la presa de Mwatate (Kenia) los trenes deben tener cuidado con los demonios. Los vecinos de los pueblos cercanos pensaban que los trenes estaban sufriendo muchos accidentes porque los espíritus locales estaban enfadados. Los trenes empezaron a hacer una breve parada para saludar a los espíritus y desde entonces no se ha producido ningún accidente.

¿Los trenes tienen accidentes?

A veces sí, por diversas causas (puede haber un fallo de agujas o un puente poco resistente). Por suerte, nadie murió cuando un tren que transportaba ganado atravesó la fachada de una estación de tren en Irlanda. Los viajes en tren suelen ser muy seguros.

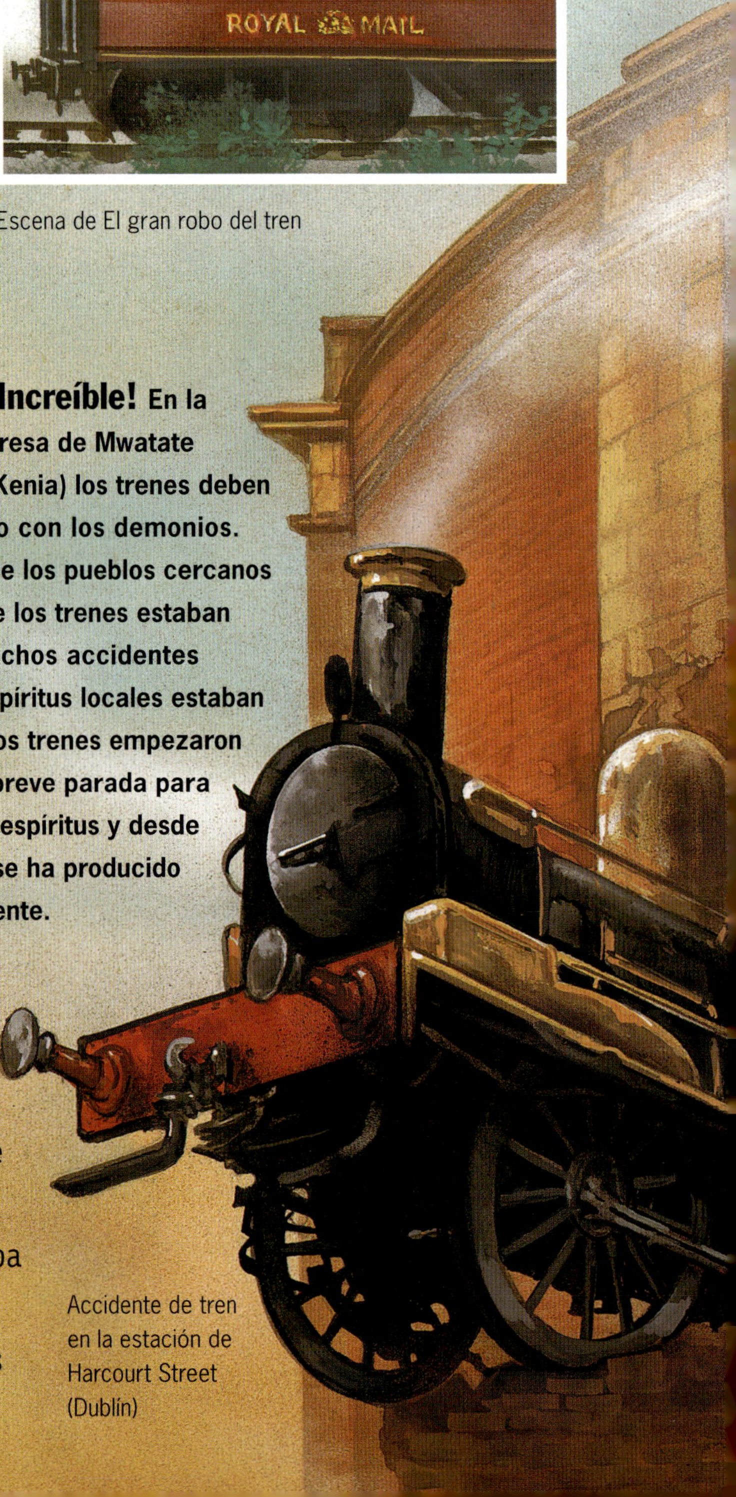

Accidente de tren en la estación de Harcourt Street (Dublín)

¿Los proyectos ferroviarios siempre han tenido éxito?

No. Los ingleses estuvieron a punto de construir un túnel en el canal de la Mancha en 1883. Perforaron casi 2 km bajo el mar, pero al Gobierno le preocupaba que los franceses utilizaran el túnel para invadir Inglaterra, de modo que se abandonó el proyecto.

¿Es cierto?

Algunos trenes son demasiado grandes.

SÍ. La Unión Soviética construyó en 1934 una locomotora demasiado larga. Sus ruedas no pivotantes y su gran peso le impedían tomar las curvas, haciéndola descarrilar.

Descarrilamiento en Rusia, 1934

¡Increíble! **El puente Reina Victoria podría haber matado a la soberana inglesa. Un tren que se dirigía a su castillo de Balmoral por un puente sobre el estuario del Tay fue derribado por el viento en 1879 y hubo 90 muertos.**

Desastre del puente sobre el Tay

¿Puede viajar un tren boca abajo?

Las montañas rusas son un tipo de tren. Tienen ruedas encima, a los lados y debajo del raíl, de modo que no pueden caerse. Algunas montañas rusas aprovechan al máximo este elemento de seguridad y se vuelven al revés. ¡Menudo mareo!

Tren en miniatura

¿Es cierto?

Se puede montar en un tren de juguete.

SÍ. Pero sólo en algunos. Es posible construir trenes de vapor cinco o seis veces más pequeños que los de verdad.

¿Qué tren escala un volcán?

El *Aso Boy*, réplica de un tren de vapor del salvaje oeste norteamericano, lleva a los turistas a la cima del monte Aso, un enorme cráter volcánico en Japón. El personal va disfrazado de vaquero para que el viajero viva una experiencia auténtica.

¿Los trenes de juguete sufren accidentes?

Tras algunos accidentes de tren famosos a principios del siglo XX, los niños solían representar choques con sus trenes de juguete. Para lograr un mayor efecto, un fabricante alemán creó un tren especial con resorte que «explotaba» al impactar.

Montaña rusa

¿Cuánto mide el tren más largo?

El más largo de la historia era un tren de carga que medía 7,3 km. El tren de pasajeros más largo medía tan sólo 1,7 km, pero los ferrocarriles belgas no encontraron un andén lo bastante largo para aparcarlo.

Tendido de una vía

TGV moderno

¡Increíble! Ocho hombres pueden tender 16 km de vía al día. Una cuadrilla de ocho operarios establecieron este récord en EE.UU. el 18 de abril de 1869.

¿Cuál es el tren más rápido?

Francia fue pionera en este campo tras la Segunda Guerra Mundial. Cuando Japón presentó el «tren bala» Shinkansen en la década de 1960, Francia respondió con el TGV. ¡Un TGV experimental ha alcanzado los 515 km/h!

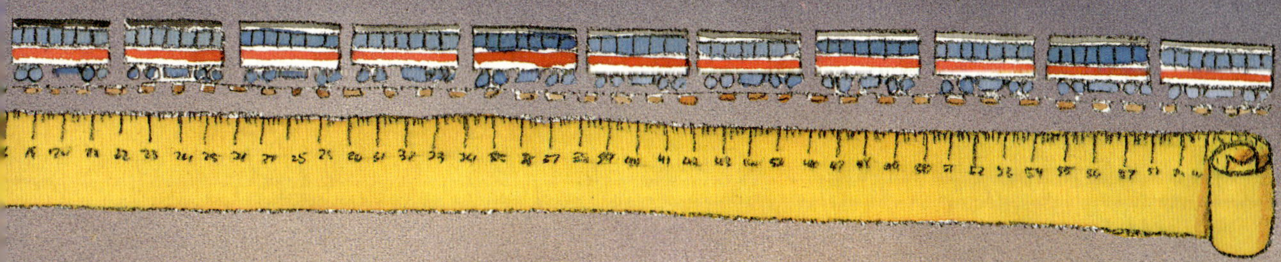

¿Es cierto?

Un tren puede pesar más que la torre Eiffel.

SÍ. Un tren carbonero australiano pesó en 1996 72.191 toneladas –¡ocho veces más que la torre Eiffel!–.

¿Qué tren tiene la ruta más larga?

El otrora servicio diario entre Moscú y Vladivostok, en Rusia, recorre 9.350 km en ocho días. El tren es conocido como el Expreso Transiberiano, o *El Rusia*, y aparece en varios libros y películas. Su fama sólo se ve superada por la del *Orient Express*.

Expreso Transiberiano

¿Qué tren vuela?

Es posible que los trenes rápidos del futuro ya no utilicen ruedas y se desplacen sobre un colchón de aire, como un aerodeslizador. El morro del tren expulsa aire bajo su cuerpo conforme avanza y dicho aire lo mantiene levantado del suelo. El aerotrén ya existe como vehículo experimental.

Aerotrén

¡Increíble! **Un vehículo sobre raíles alcanzó una velocidad de Mach 8. Un cohete no tripulado sobre raíles alcanzó los 9.851 km/h en un experimento estadounidense en 1982. ¡En una vía recta, podría hacer el viaje de ocho días del Transiberiano en menos de una hora!**

¿Qué es un tren bala?

Los trenes más rápidos de Japón, los Shinkansen, se apodaban así por su morro puntiagudo –¡y su velocidad!–. El más rápido, el Nozomi, viaja a 300 km/h. Sin las pérdidas de tiempo de los aeropuertos, viajar en el Nozomi puede resultar más rápido que hacerlo en avión.

¿Los trenes son «verdes»?

Los trenes son menos nocivos para el medio ambiente que la mayoría de los transportes. Son esenciales en las ciudades, donde metros, tranvías y monorraíles pueden reducir la contaminación de coches, autobuses y taxis. En largos recorridos, los trenes gastan mucho menos combustible que los aviones.

¿Es cierto?

Algunos trenes circulan sobre imanes.

SÍ. Alemania y Japón han probado trenes que usan los campos magnéticos para flotar sobre la vía. La vía no se desgasta y los trenes pueden desplazarse a velocidades sorprendentes.

Tren bala Shinkansen JR500

1
FOX RACING
YAMAHA
YAMAHA

CAPÍTULO CINCO

MOTOS

¿Quién fue el primero en poner pedales a una bicicleta?

En 1838, un herrero escocés llamado Kirkpatrick Macmillan construyó la primera bicicleta con pedales. Antes, los ciclistas debían impulsarse con los pies en el suelo.

¿Qué era un biciclo?

Era una bicicleta de la década de 1870 que tenía una rueda delantera enorme, mientras que la de detrás era muy pequeña.

¡Increíble! En la década de 1880, había parejas que se desplazaban en triciclos (vehículos de tres ruedas). Cada persona tenía dos pedales que hacían girar las grandes ruedas traseras.

¿Qué era una «bicicleta de seguridad»?

Fue la primera bicicleta que tenía la apariencia actual. Apareció en 1885. Tenía dos ruedas del mismo tamaño, un cuadro metálico en forma de paralelogramo, pedales que movían la rueda trasera con una cadena y frenos accionados por unas palancas que había en el manillar.

¿Es cierto?

Había carreras de triciclos.

SÍ. En la década de 1880, el triciclo no era sólo para los niños. También era muy popular entre los adultos. Las carreras de triciclos fueron una de las primeras formas de competir. Las carreras se celebraban en calles con baches y pistas de madera.

Bicicleta de seguridad

Michaux-Perreaux, 1869

¿Qué bicicleta tenía un motor de vapor?

La bicicleta Michaux-Perreaux de 1869 tenía un motor de vapor bajo el sillín. Había que poner madera o carbón en el motor cada pocos minutos para mantener hirviendo el agua y que el motor funcionara.

¿Quién puso un motor sobre la rueda delantera?

Los hermanos Werner, en Francia, construyeron una motocicleta en 1899. Era una bicicleta de seguridad con un motor de gasolina sobre la rueda delantera, debajo del manillar.

Werner, 1899

¡Increíble!

El ingeniero de EE.UU. Lucius Copeland fabricó una motocicleta añadiendo un motor de vapor a un biciclo. Conducía su bicicleta hacia atrás, usando la rueda pequeña para dirigirla. Podía alcanzar los 20 km/h.

¿Qué aspecto tenía la primera moto?

La primera moto propiamente dicha tenía un pesado bastidor de madera, ruedas de madera con llantas metálicas y dos ruedas estabilizadoras para no volcar. Fue la primera moto que tuvo un motor ligero de gasolina, pero era muy lenta. La fabricaron los ingenieros alemanes Daimler y Maybach en 1885.

Daimler/Maybach, 1885

¿Es cierto?

Las primeras motocicletas tenían pedales.

SÍ. Los motores de las primeras motocicletas no eran muy potentes ni fiables, así que llevaban pedales para subir pendientes o en caso de avería. Algunas motos modernas, como los ciclomotores, aún los llevan.

¿Qué es un eje motor?

Es una barra que comunica la energía que genera el motor de una moto a su rueda trasera. Algunas de las primeras motos, como la FN belga de 1906, tenían eje motor en lugar de correa o cadena. El eje motor hacía girar la rueda mediante engranajes.

FN, 1906

¡Increíble! **A principios de la década de 1900, las mujeres siempre llevaban vestido, incluso cuando iban en moto. Algunas motos tenían protecciones para que las faldas no se enredaran en el motor o en la rueda trasera.**

¿Para qué servían las correas de cuero?

La mayoría de las motos actuales utiliza una cadena para mover la rueda trasera, pero muchas motos fabricadas antes de 1910 utilizaban una correa gruesa de cuero. Las correas no eran fiables, ya que se desgastaban rápidamente, se rompían a menudo e incluso patinaban en caso de lluvia.

¿Cuándo se usó la primera cadena?

La mayoría de las motos modernas tiene una cadena metálica flexible que transmite la energía que genera el motor a la rueda trasera. La cadena se introdujo en algunas motos a principios de la década de 1900 (modelo Scott de 1905). Las cadenas están formadas por docenas de pequeñas piezas unidas.

Modelo de dos tiempos Scott, 1905

Douglas, 1911

¿Es cierto?

Todavía se usan las correas de transmisión.

SÍ. La mayoría de motos modernas usa cadena, pero algunas tienen una correa de transmisión de caucho reforzado con tela, es más ligera que la cadena y requiere menos mantenimiento. También hay motos que tienen ejes motores.

¿Quienes fueron Harley y Davidson?

William, Walter y Arthur Davidson fundaron, junto con William Harley, la empresa Harley-Davidson en 1903. Fabricaron su primera motocicleta al año siguiente.

Harley-Davidson de 1912

¡Increíble! **La empresa italiana Moto Guzzi, fundada en la década de 1920, tomó prestada la insignia con forma de águila del Ejército del Aire italiano.**

Brough Superior de 1930

Indian Scout 101 de 1928

¿Por qué era superior la Brough?

El ingeniero británico George Brough diseñó una de las motos mejores y más caras de la historia, y la llamó Brough Superior. Se conocía como el «Rolls-Royce de las motos». El propietario más famoso de una Brough Superior fue el héroe de guerra británico Lawrence de Arabia.

¿Qué era una Indian?

Indian fue una famosa empresa estadounidense que fabricó motocicletas en la primera mitad del siglo XX. Una de sus motos de más éxito fue la Indian Scout, lanzada en 1920 y que se fabricó durante 30 años. Tenía un motor de 600 cc y eje motor, y alcanzaba una velocidad máxima de 121 km/h.

¿Es cierto?

Rollie Free condujo una Vincent Black Shadow en traje de baño.

SÍ. La Vincent Black Shadow fue la primera moto en alcanzar los 240 km/h. Lo hizo en 1948 y su conductor, Rollie Free, sólo llevaba un bañador e iba tumbado para reducir la resistencia del aire. De haber ido sentado, no habría alcanzado esa velocidad.

¿Dónde tiene el motor una motocicleta?

El motor de una moto está entre las dos ruedas, fijado al chasis. Encima del motor, justo delante del asiento del conductor, está el depósito de carburante. Los tubos de escape expulsan los gases del motor por detrás.

¿Todos los motores tienen la misma forma?

La forma del motor de una moto depende del número de cilindros que tenga y de su colocación. Hay motores de dos cilindros en V (que forman una V), y otros de cuatro cilindros en línea.

¡Increíble! **El motor de moto más grande es el de una Yamaha de 1.600 cc. Es tan grande y potente como el de un turismo.**

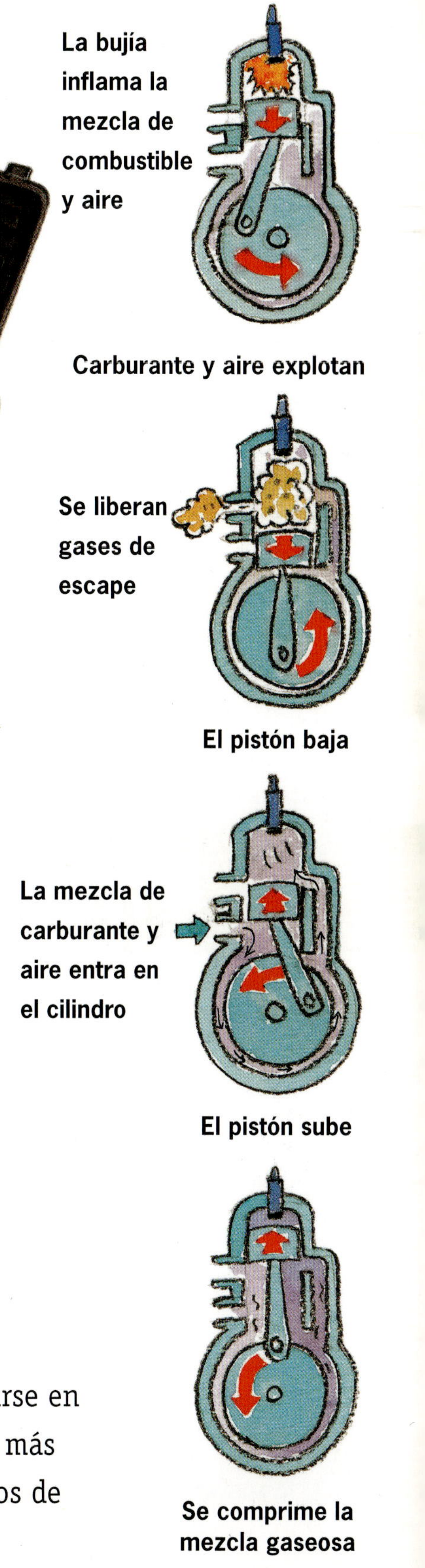

¿Qué es un motor de dos tiempos?

Es un motor de gasolina sencillo que suele utilizarse en motocicletas pequeñas, ciclomotores y *scooters*. Las motos más grandes tienen un motor de gasolina de cuatro tiempos. Los de dos tiempos consumen más carburante y contaminan más.

¿Qué moto es objeto de culto?

La Harley-Davidson. Una de las mejores y más famosas era la Harley-Davidson Electra Glide, utilizada a menudo por las patrullas de carretera de la policía estadounidense.

Harley-Davidson Electra Glide de 1988

Honda Gold Wing de 1982 con sidecar y remolque

¡Increíble! **Carl Stevens Clancy se convirtió en 1912 en la primera persona que daba la vuelta al mundo en moto. Su viaje de 29.000 km comenzó en EE.UU. y le llevó por Europa, África y Japón hasta su regreso a Nueva York.**

¿Qué es un sidecar?

Es un pequeño carro de una rueda adosado a la moto que la convierte en un vehículo de tres ruedas. El sidecar puede llevar un pasajero o equipaje. Con él, el motorista no puede inclinarse en las curvas.

¿Qué es una Gold Wing?

Es una motocicleta de turismo gigante fabricada por la empresa japonesa Honda. La Gold Wing es de conducción muy suave, tiene asiento para un pasajero y un motor lo bastante potente como para tirar de un sidecar y un remolque. Resulta perfecta para los viajes de larga distancia.

¿Es cierto?

Antes los pasajeros viajaban en cestas.

SÍ. Las carrocerías de los sidecares de las primeras motos eran de mimbre. Igual que las cestas normales, se hacían entrelazando las varas de madera.

¿Qué es un *scooter*?

El *scooter* tiene las ruedas pequeñas, un pequeño motor junto a la rueda trasera y un hueco en el chasis para las piernas del conductor. Los *scooters* son baratos y adecuados para ciudades con mucho tráfico.

¡Increíble! **Se pueden comprar minimotos réplicas de motos reales, con motores pequeños y los mismos mandos que una de verdad. Pero no pueden circular por carretera.**

Italjet Millennium 125

¿Cuál es la moto más vendida de la historia?

Es la Honda Super Cub de 50 cc, que salió a la venta en 1958. Este ciclomotor resulta económico y sigue siendo popular en todo el mundo.

Yamaha YP 250 Majesty

Scooter del siglo XXI

¿Es cierto?

El scooter es un invento reciente.

NO. Se popularizaron en Italia en la década de 1950, y en la de 1960 estuvieron muy de moda. Los conducían jóvenes británicos llamados *mods*, que llevaban parkas verdes y personalizaban sus scooters con muchos espejos y banderas.

¿Qué *scooter* cabe en el maletero de un coche?

El Autoped estadounidense, fabricado en 1915, podía doblarse y meterse en un maletero. Últimamente, conforme el tráfico se ha vuelto más denso, los *scooters* plegables han recuperado popularidad como medio de transporte rápido y barato.

¡Increíble!

Las motos de trial pueden subir por pequeños tramos de pared rocosa casi verticales. El conductor necesita tener buen equilibrio y un perfecto control del embrague y las marchas.

¿Qué es una moto de trial?

Es una moto diseñada para ir por terrenos escarpados, accidentados y rocosos. Se utilizan en competiciones de trial, en las que los pilotos deben superar obstáculos sin pararse ni apoyar los pies en el suelo.

Moto de trial

¿Qué pilotos llevan coraza?

Los pilotos de *motocross* llevan corazas de plástico resistente para protegerse en caso de caída o si son golpeados por otras motos. También llevan unas botas altas y duras, cascos y gafas protectoras para resguardar sus ojos del barro.

¿Es cierto?

Nadie ha cruzado el desierto en moto.

NO. Hay competiciones de ***motocross*** que se celebran en el desierto. También hay ***rallies*** de motos de larga distancia, como el París-Dakar, que cruza el polvoriento desierto del Sahara.

Rally Paris-Dakar

Motocross

¿Qué motos tienen neumáticos con mucho dibujo?

Las de trial y *motocross* tienen neumáticos con un dibujo muy prominente, que hace que las ruedas se agarren al terreno húmedo y embarrado.

Harley-Davidson WLA de 1942

¿Quién llevaba un rifle enfundado en su Harley?

Los correos militares estadounidenses de la Segunda Guerra Mundial llevaban un rifle enfundado en sus Harley-Davidson WLA 45. Durante la guerra se fabricaron más de 80.000 WLA y muchas de ellas las compraron después ex soldados.

¿Es cierto?

El primer soldado estadounidense que entró en Alemania tras la Primera Guerra Mundial iba en una Harley.

SÍ. **El cabo segundo Holtz entró en Alemania con una Harley en 1918, al día siguiente de que terminara la guerra.**

Miniscooter alemán

¿Quiénes caían del cielo en minimotos?

Durante la Segunda Guerra Mundial, algunos soldados alemanes y aliados se lanzaban en paracaídas desde los aviones junto con sus minimotos.

¡Increíble! En la Segunda Guerra Mundial, el ejército alemán usaba un vehículo llamado Ketten Kraftrad que era medio moto y medio coche blindado. Tenía una rueda delantera de moto y orugas.

¿Quién llevaba una ametralladora acoplada a la moto?

En la Segunda Guerra Mundial, los soldados alemanes utilizaban motocicletas BMW con sidecar que alcanzaban altas velocidades. Un soldado accionaba la pesada ametralladora del sidecar.

BMW R-75

¿Qué es una carrera TT?

Las carreras TT se celebran cada año en las vías públicas de la isla de Man, una de las islas británicas. TT significa «trofeo turismo» ya que, cuando comenzaron las carreras en 1907, eran para motocicletas de turismo.

Motos Norton en una carrera TT

Harley-Davidson de 1915

¿Quién corría sobre madera?

Las primeras carreras de motos solían celebrarse en velódromos de madera. ¡Menudo daño debían de hacer las astillas en las caídas!

¿Es cierto?

Todas las motos tienen frenos.

NO. Las motos construidas para las carreras de *speedway* con sólo una marcha no tienen frenos. Dichas carreras se corren en pistas ovales de tierra, arena, hierba y, a veces, hielo. Los pilotos se deslizan por las curvas de ambos extremos de la pista.

¡Increíble! **¡En accidentes a grandes velocidades, los pilotos se deslizan por el suelo a 240 km/h! Para protegerse en caso de caída, los pilotos llevan monos de cuero que incorporan rodilleras resistentes, ya que llegan a tocar el suelo con las rodilla cuando se inclinan para tomar las curvas.**

¿Qué es una *superbike*?

Una *superbike*, como esta Ducati, con un motor de 750 cc o más es muy rápida. El término *superbike* se usó por primera vez para describir la Honda CB750 de finales de la década de 1960. Está diseñada para competiciones de alta velocidad, pero también sirve para hacer turismo.

Triumph Thunderbird modificada

¡Increíble! **Las *choppers* y los triciclos son populares entre los miembros del grupo Ángeles del Infierno, quienes llevan ropa de cuero y cascos negros.**

¿Qué es una *chopper*?

Es una moto personalizada con el asiento bajo, el manillar alto y horquillas delanteras largas. El conductor va apoyado en el respaldo, como en una butaca.

Aparecieron en EE.UU. cuando algunos dueños de Harleys cortaron piezas a las motos para hacerlas más ligeras y rápidas.

Chopper

¿Quién alcanzó los 345 km/h en una Triumph?

En 1956, Johnny Allen condujo una Triumph en forma de puro a 345 km/h por los Bonneville Salt Flats (EE.UU.). Tras aquello, Triumph dio a su moto más famosa el nombre de *Bonneville*.

¿Es cierto?

En las carreras de dragsters se usan scooters trucados.

SÍ. Una carrera de *dragsters* es una carrera entre dos motos en una pista corta y recta. Algunos pilotos compiten con *scooters* trucadas, que llevan el motor reforzado y un chasis alargado.

¿Quién puso tres motores a una moto?

Russ Collins puso tres motores en su Honda *dragster* en la década de 1970. Este tipo de motos precisa gran potencia para alcanzar su aceleración máxima y algunas tienen incluso motores de cohete.

Russ Collins

¿Cómo se acelera en moto?

Para acelerar, se gira hacia atrás el puño derecho del manillar. En él hay una pieza que es el acelerador del motor y, al girarlo hacia atrás, envía más carburante al motor, haciendo que gire más rápido y acelere la moto.

¿Cómo se frena?

Para frenar rápido se aprieta la palanca del freno de la parte derecha del manillar y se pisa el pedal de freno con el pie derecho. La palanca acciona el freno delantero, y el pedal, el trasero.

¿Cómo se cambia de marcha?

Para cambiar de marcha, se aprieta la palanca de embrague con la mano izquierda, se cambia de marcha con el pie izquierdo, pulsando con el pie hacia abajo y hacia arriba la palanca de las marchas, y se suelta el embrague.

¿Es cierto?

Los motociclistas arrancan con pedal.

SÍ. La mayoría de las motos tiene un motor eléctrico para arrancar, pero también dispone de un pedal de arranque en caso de que falle el motor de arranque. Todas las primeras motos tenían un mecanismo de pedal de arranque para encender el motor.

¿Por qué se inclinan los pilotos en las curvas?

Lo hacen para no volcar. Cuanto más se inclinan, más rápido pueden tomar la curva.

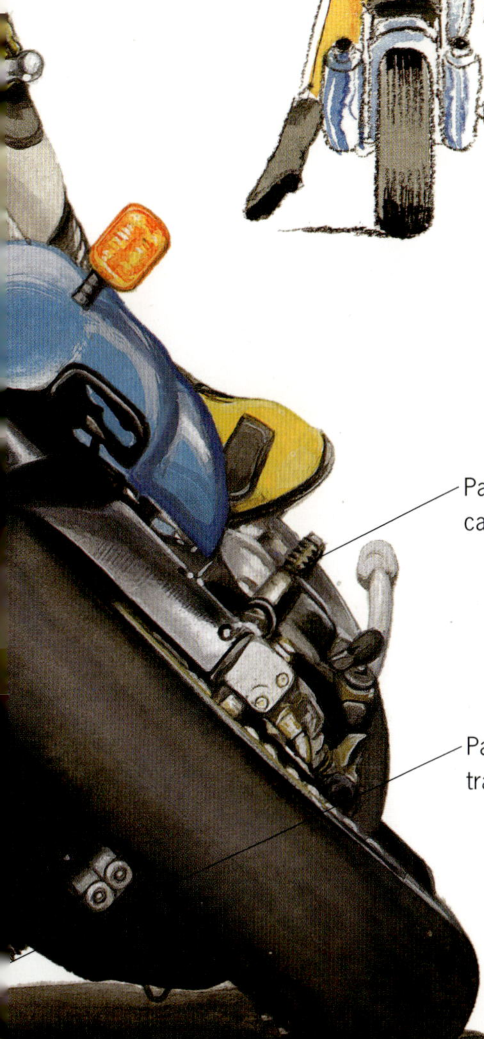

¿Qué moto de carreras no tiene horquillas delanteras?

La Honda Elf Endurance fue la primera moto de carreras sin horquillas delanteras. En su lugar, la moto tenía brazos de palanca para sujetar la rueda delantera. Corrió en Le Mans en la década de 1980.

¿Es cierto?

Algunas motos tenían volante.

SÍ. La peculiar moto Militaire de 1912 incorporaba un volante en lugar de manillar. Resultaba difícil mantener el equilibrio con ella, así que la moto necesitaba estabilizadores.

Honda Elf

¿En qué moto te sientas dentro?

La llamativa BMW C1 es una de las pocas motos en las que te sientas dentro. Tiene el asiento parecido al de un coche, pero mandos de moto. La cubierta abierta por los laterales protege al piloto de la lluvia y el viento.

BMW C1

¡Increíble! **Las motos más pequeñas son realmente enanas. La más pequeña del mundo mide 10 cm de largo y tiene ruedas de 2 cm de diámetro. Tiene motor y se puede conducir (aunque no resulta nada fácil).**

¿Qué moto cruzó EE.UU. usando menos de 68 litros de carburante?

La Heysercycle de 1983 tenía una carrocería redondeada para reducir la resistencia al viento y sólo consumía un litro de combustible cada 74 km, lo cual estableció un nuevo récord de consumo.

Heysercycle

¿Qué es el *stunt riding*?

Los pilotos de *stunt* ascienden rampas en sus motos y saltan sobre coches, autobuses y camiones. El más famoso, Evel Knievel, trató incluso de cruzar un cañón en una *skycycle* propulsada por un cohete en 1974. Estuvo a punto de ahogarse en el intento. ¡Evel asegura que se ha roto todos los huesos!

Evel Knievel

¡Increíble!

Los equipos de pilotos de acrobacias realizan proezas sorprendentes como las pirámides y saltar por aros de fuego. Para formar una pirámide, los miembros del equipo se apoyan en los hombros de los demás mientras las motos avanzan.

Pared de la muerte

¿Qué es la «pared de la muerte»?

Se trata de una pared circular y vertical. Los pilotos de acrobacias dan vueltas y vueltas con sus motos, como si condujeran en una lata. Deben ir a la máxima velocidad para no caerse de la pared.

¿Es cierto?

Es imposible conducir sobre una rueda.

NO. Los pilotos pueden levantar la rueda delantera y avanzar apoyados sólo en la trasera. Es lo que se denomina un «caballito». Los pilotos de *superbikes* hacen caballitos para celebrar su victoria en una carrera.

¿Qué es el *motocross* de estilo libre?

Es un nuevo deporte en el que los pilotos realizan acrobacias al saltar por unos montículos en una pista de tierra. A veces, incluso sueltan la moto.

Motocross de estilo libre

ROAD
TRAIN

CAPÍTULO SEIS

CAMIONES Y EXCAVADORAS

¿Con qué funcionaban los primeros camiones?

En el siglo XIX, los primeros camiones motorizados funcionaban con vapor, antes de que se inventaran los motores de gasolina y diésel. Se parecían a los tractores de vapor utilizados en las granjas.

Camión de vapor de Foden

¡Increíble! **El primer vehículo con motor de vapor quedó destruido en un accidente. El carro de tres ruedas fue construido por el ingeniero francés Nicolas-Joseph Cugnot en 1769 y debía llevar armas de artillería.**

¿Cómo eran los camiones antes de inventarse el motor de vapor?

Antes de dicho invento, la carga se llevaba en carros tirados por bueyes o caballos. El aspecto de los primeros camiones todavía recordaba mucho a esos predecesores.

Caravana de carros

¿Qué era un charabán?

Era un camión de carrocería plana con bancos en la parte posterior para que se sentaran los pasajeros. Los trabajadores de las fábricas y sus familias iban a la costa o a la ciudad en estos vehículos los días de fiesta. Los primeros charabanes eran tirados por caballos.

Charabán

¿Es cierto?

Los primeros autobuses eran tirados por tractores de vapor.

SÍ. Un tractor de vapor era un vehículo con motor de vapor para remolcar vagones. Los primeros autobuses de pasajeros estaban formados por un vagón con asientos arrastrado por un tractor de vapor.

Cabina abatible

¿Qué es una cabina abatible?

Es un tipo de cabina de camión que se encuentra encima del motor y se vuelca hacia delante para que el mecánico tenga acceso a él en caso de necesidad.

¿Es cierto?
Diesel inventó el motor diésel.

SÍ. El motor diésel, que es un tipo de máquina de combustión interna, fue presentado por primera vez por el ingeniero alemán Rudolph Diesel en 1897. La mayoría de los camiones tiene motores diésel, ya que suelen ser más económicos y fiables que los de gasolina.

¿Qué es la quinta rueda?

La quinta rueda es el dispositivo giratorio de conexión de los camiones articulados, situado detrás de la cabina de la cabeza tractora. Allí se sujetan los remolques. La quinta rueda permite que el remolque gire cuando el camión toma las curvas.

¿Cómo se transportan los camiones tractores?

Las cabezas tractoras de los camiones suelen ser arrastradas por otro camión como si fueran remolques. Ello ahorra dinero ya que así los camiones remolcados no gastan combustible.

Transporte de camiones Kenworth

¿Cómo se comunican los camioneros?

Para hablar entre sí utilizan radios de banda ciudadana. Así se advierten de atascos o del mal tiempo. Los camioneros utilizan apodos en lugar de sus nombres verdaderos.

Camionera utilizando una radio de banda ciudadana

¡Increíble!

En invierno, algunos camioneros hacen fuego bajo la cabina mientras están detenidos. Cuando el gasóleo se enfría mucho, se espesa y se vuelve viscoso, de modo que tratan de mantenerlo caliente y líquido para que los motores arranquen sin problemas.

¿Es cierto?

Los camiones tienen hasta 16 marchas.

SÍ. Los camiones necesitan muchas marchas: muy cortas para arrancar con una carga pesada y subir despacio las cuestas empinadas, y muy largas para viajar deprisa por las autopistas.

¿Dónde duermen los camioneros?

Algunos camioneros de larga distancia duermen en literas situadas detrás de sus asientos o sobre ellos. Los camiones más grandes tienen un compartimento para dormir detrás de la cabina, con váter y ducha.

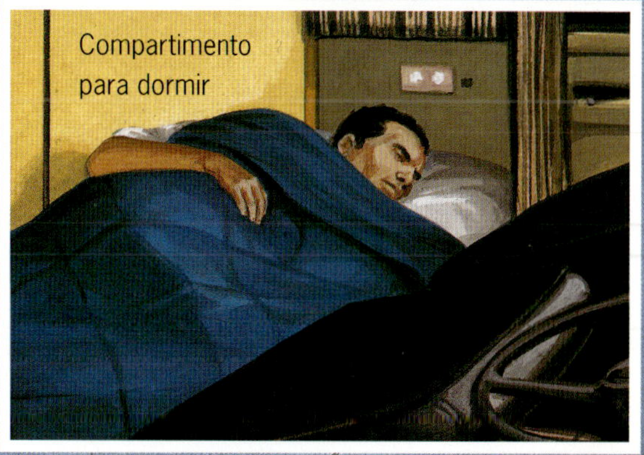

¿Qué es el efecto navaja?

Se produce cuando un camionero intenta frenar pero el remolque derrapa hacia un lado, fuera de control. Resulta muy peligroso, ya que el remolque puede volcar. Este efecto recibe su nombre de la forma que adopta el vehículo.

¿Qué es una camioneta monstruo?

Es una camioneta corriente con unas ruedas enormes de volquete, una suspensión extrafuerte y un motor muy potente. Sus propietarios hacen carreras en pistas con grandes baches y montículos. Las camionetas rebotan e incluso llegan a volcar si van demasiado rápido.

Camioneta monstruo

¿Es cierto?

Las camionetas monstruo aplastan coches.

SÍ. **En las carreras de camionetas monstruo, algunos obstáculos son coches viejos, que quedan aplastados bajo sus enormes ruedas.**

Camión afgano Bedford

¿Quién pinta los camiones como medida de protección?

En países como Afganistán y la India, los camioneros pintan sus camiones con colores brillantes y símbolos religiosos. Creen que los símbolos les mantendrán a salvo de accidentes.

Camioneta personalizada

¡Increíble! **Una de las camionetas monstruo estadounidenses más famosas es el *Grave Digger*. Está pintada de forma espectacular, con escenas de cementerios.**

¿Qué son los camiones personalizados?

Tienen piezas especiales, como enormes ruedas, suspensiones altas y grandes motores. Algunos tienen incluso maleteros, capós y puertas que se mueven mediante arietes hidráulicos. Se construyen especialmente para ferias y carreras.

¿Qué es un dragster?

Es un vehículo personalizado para carreras de aceleración. Los dragsters compiten uno contra otro en una pista corta, tienen motores extrapotentes y unas enormes ruedas traseras para lograr el máximo agarre al suelo.

Dragsters

Camión con motor a reacción del cuerpo de bomberos de Hawai

¿Cuál es el camión más rápido?

El camión más rápido del mundo es el vehículo personalizado del cuerpo de bomberos de Hawai. Se construyó en 1940 y está propulsado por dos motores a reacción de avión. Puede superar los 650 km/h.

¿Es cierto?
Hay carreras de camiones.

SÍ. Se celebran muchas en todo el mundo. En EE.UU., los pilotos de carreras personalizan sus camionetas. En Europa, compiten con grandes cabezas tractoras.

Camión Leyland sobre las ruedas traseras

¿Pueden circular los camiones sobre las ruedas traseras ?

Los personalizados sí, ya que tienen motores enormes y gran peso en la parte posterior.

¿Cómo viajan los tanques?

Los tanques resultan muy útiles en terrenos accidentados y lodosos, pero son muy lentos. Cuando necesitan desplazarse con rapidez, se llevan en grandes camiones cuyos remolques requieren muchas ruedas para repartir el enorme peso del tanque.

Camión Oshkosh de transporte de tanques

Camiones anfibio

¿Qué camiones pueden nadar?

Los ejércitos trasladan el material en camiones anfibio capaces de desplazarse por tierra y de flotar en el agua. La parte inferior de los camiones anfibio es impermeable y ello impide que el agua anegue el motor.

¡Increíble! **Algunos camiones tienen un revestimiento blindado. Son los vehículos blindados para transportar tropas al frente.**

¿Cómo se trasladan los misiles?

Los camiones portamisiles transportan grandes proyectiles nucleares. Sobre el camión hay una rampa de lanzamiento y un centro de control. Los camiones llevan los misiles al campo si su base se enfrenta a un ataque enemigo.

Lanzamisiles móvil ruso

¿Es cierto?

Algunos camiones tienen orugas.

SÍ. Un tipo de camión llamado «semioruga» tiene ruedas delante y orugas detrás. Los ejércitos suelen transportar sus tropas en estos vehículos.

¿Qué camión corta la tierra?

Una escrepa es un camión que «corta» una fina capa de tierra del suelo y la recoge. Estos vehículos mueven y nivelan la tierra cuando se construyen las carreteras.

Escrepa

Excavadora

¿Qué es una excavadora?

Una excavadora es una máquina que excava agujeros en la tierra con una cuchara al final de un brazo. El brazo y la cuchara están movidos por potentes arietes hidráulicos. Las orugas permiten a la excavadora moverse en terrenos accidentados y lodosos.

¿Es cierto?

En los cangilones de algunas excavadoras caben dos coches.

SÍ. **Hay excavadoras en canteras y minas a cielo abierto que extraen rocas y tierra con unas enormes ruedas de cangilones giratorias.**

¿Cuál es el camión más grande del mundo?

Es un volquete llamado *Terex Titan*. Es tan alto como una casa y puede transportar 300 toneladas de escombros. Cada una de sus ruedas es el doble de alta que una persona.

Terex Titan

¡Increíble! **El Terex Titan es demasiado grande para circular por carreteras públicas, así que para ir de una obra a otra se desmonta en piezas que se llevan en camiones de transporte.**

¿Qué excavadora puede realizar distintas tareas?

Un tipo de excavadora llamada «retroexcavadora» puede excavar, cargar y perforar. En la parte posterior tiene una excavadora con una cuchara. Delante hay otra para recoger tierra y piedras. Se le pueden acoplar cangilones de distintos tamaños o una taladradora neumática.

¿Es cierto?
Hay camiones con los cristales blindados.

SÍ. Las máquinas de demolición tienen cabinas de vidrio blindado extraduro, que impide que los escombros hieran al conductor.

¡Increíble! Además de las grandes, también hay miniexcavadoras que se utilizan donde no caben las de mayor tamaño, como en los sótanos, y también para excavar pequeñas zanjas en pavimentos y jardines.

Grúa móvil

¿Qué es una grúa móvil?

Una grúa móvil es un camión con una grúa encima. Las grúas móviles trabajan en obras. Con sus brazos telescópicos levantan objetos pesados, como vigas de acero, hasta lugares elevados. Cuentan con una cabina desde la que el operario dirige la grúa.

Hormigonera

¿Cómo se transporta el hormigón?

El hormigón se lleva a las obras en hormigoneras. Los ingredientes se introducen en el tambor de la hormigonera, que gira para mezclar el hormigón.

¿Para qué sirven las cadenas?

Las cadenas de nieve metálicas son resistentes y evitan que los camiones patinen en carreteras heladas o cubiertas de nieve. Se colocan alrededor de todas las ruedas del camión, cortan el hielo o la nieve y brindan agarre. En países fríos, los camioneros siempre llevan consigo cadenas.

Camión Scania de seis ruedas

¡Increíble! **Algunos tractores tienen enormes ruedas dobles para no remover la tierra. En terrenos muy lodosos, los tractores normales se hundirían en el fango. Las ruedas dobles reparten el peso en una superficie mayor e impiden que se hundan.**

Camión de *rally* DAF Turbotwin

¿Qué camiones atraviesan el Sahara?

Los camiones compiten en muchos *rallies*, como el famoso París-Dakar que atraviesa el desierto del Sahara, en el norte de África. Otros camiones llevan piezas de recambio y trasladan a los mecánicos de los participantes que compiten con coches y motocicletas.

Camioneta con tracción integral

¿Qué es la tracción integral?

Cuando un camión tiene tracción integral significa que el motor hace girar todas las ruedas. En algunos camiones, el motor sólo mueve dos de las ruedas. Esta tracción es idónea para ir por caminos lodosos.

¿Los camiones pueden mover casas?

Unos camiones muy potentes llamados «tractores» se usan para arrastrar cargas muy pesadas. Tienen enormes motores diésel y pueden rodar muy despacio. Son capaces de transportar incluso casas cargadas en remolques muy anchos.

¿Qué camión llevó una nave espacial?

En enero de 1977, el transbordador espacial *Enterprise* fue transportado 64 km por tierra por un camión diésel Kenworth en el desierto de Mojave (California). El transbordador pesaba 75 toneladas, pero el Kenworth podía remolcar más de 500 toneladas.

Kenworth tirando del *Enterprise*

Cabeza tractora Kenworth con un remolque bajo

¿Qué camiones tienen decenas de ruedas?

Los que llevan cargas pesadísimas necesitan decenas de ruedas para sostener todo el peso. Utilizan remolques cuya plataforma es de poca altura para facilitar la carga. Los remolques son tirados por potentes cabezas tractoras.

¿Es cierto?

Hay camiones que transportan residuos nucleares.

SÍ. Los residuos se cargan en contenedores indestructibles. No obstante, los camiones no pueden circular por carreteras públicas.

¡Increíble! **El agua es impulsada a través de las mangueras por una potente bomba situada en el camión. Sale con tal fuerza que puede levantar del suelo al bombero que sujeta la boca de la manguera.**

¿Por qué hay camiones de bomberos con dos conductores?

Algunos llevan escaleras tan largas que necesitan su propio remolque extralargo. El conductor ubicado en la cabina de la parte de atrás gira las ruedas traseras del remolque para que el camión pueda entrar en las calles estrechas.

Camión de bomberos de un aeropuerto

¿Es cierto?

Los camiones de bomberos necesitan estabilizadores.

SÍ. Los que tienen escaleras largas podrían volcar si las extendieran del todo hacia un lado.

¿Hasta dónde puede llegar la escalera de un camión de bomberos?

Algunos camiones de bomberos tienen escaleras telescópicas de más de 40 m de longitud que permiten llegar hasta el undécimo piso de un edificio.

Camión de bomberos Pierce Aerial Tiller

¿Quién apaga los fuegos en los aviones?

Los aeropuertos tienen sus propios equipos de bomberos que utilizan camiones especiales. En lugar de agua usan espuma que lanzan desde un cañón para sofocar el combustible en llamas.

¿Qué es un camión grúa?

Es un camión que remolca coches, autobuses y otros vehículos accidentados, que a menudo bloquean las carreteras o están en la cuneta. Necesitan potentes motores diésel para remolcar los vehículos y un torno para enderezar vehículos volcados.

¡Increíble! Algunos camiones de carga llevan una minicarretilla elevadora para cargar y descargar la mercancía. Ésta se pliega y se transporta acoplada a la parte posterior del camión.

Camión grúa

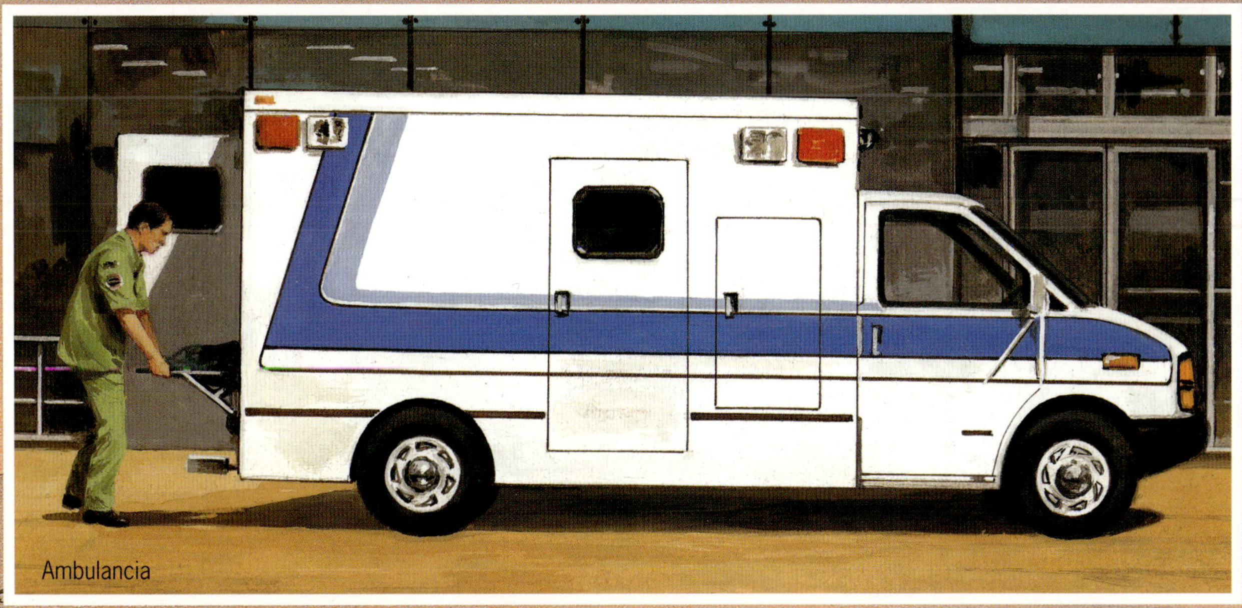

Ambulancia

¿Para qué sirven las ambulancias?

Una ambulancia es un pequeño camión especialmente adaptado para trasladar rápidamente al hospital a personas heridas y enfermas. En la parte posterior tiene camillas y un equipo médico de urgencia.

¿Es cierto?

Hay hospitales con ruedas.

SÍ. Los hospitales móviles son minihospitales montados en un camión adaptado. Trabajan en zonas remotas donde no hay hospitales, y tienen médicos, enfermeros e incluso un quirófano.

¿Cómo se cargan los troncos en los camiones?

Los camiones madereros tienen detrás una pequeña grúa con una fuerte pinza para elevar los troncos que controla el conductor. El remolque incorpora unas barras que impiden que los troncos caigan rodando.

Maderero

¡Increíble!

Algunos portacoches pueden transportar hasta una docena de coches. Tienen plataformas y rampas muy bien diseñadas para que los coches suban y bajen, y que se pliegan para que los vehículos quepan en un espacio reducido.

¿Es cierto?

Los camiones cisterna transportan chocolate.

NO. Pero pueden llevar casi cualquier líquido, incluido la leche y el aceite, y sólidos como la harina.

¿Qué es un tren de carretera?

Un camión con dos o más remolques se denomina así por su forma. Cuentan con una potente cabeza tractora y una gran cabina con un compartimento para dormir. Se usan principalmente en Australia.

Carretilla pórtico

¿Qué es una carretilla pórtico?

Es un tipo de grúa móvil que se coloca sobre la carga que va a levantar, la cual queda entre las ruedas. Suelen utilizarse en los puertos para levantar y trasladar contenedores.

Tren de carretera australiano

¿Cómo se descarga un camión?

Los volquetes tienen una caja elevable que se levanta para soltar la carga. A veces, se eleva todo el camión con una rampa. Este camión está descargando cereal en un silo.

Descarga de un camión de cereal

Camión de la basura

¿Qué camión remolca aviones?

Los remolcadores arrastran los aviones cuando estos no pueden usar los motores. Tienen una barra de remolque que se engancha a la rueda delantera del avión. Gracias a su poca altura no chocan con el fuselaje.

Remolcador de aviones

¿Es cierto?

Las cestas se usan para recoger fruta.

NO. Las cestas son plataformas de trabajo con esa forma situadas en el extremo de un brazo extensible en ciertos camiones. Un operario situado en ella puede hacer tareas como cambiar bombillas de farolas.

¿Cómo trabajan los camiones de la basura?

Los camiones de la basura van recogiendo desperdicios a su paso. Un mecanismo levanta los cubos, los vuelca y los sacude para vaciarlos en el camión. Un potente pisón aplasta la basura y la compacta dentro del camión.

CAPÍTULO SIETE

AVIONES

¿Quiénes fueron los primeros en volar?

Los primeros en realizar un vuelo en regla fueron dos franceses: François Pilâtre de Rozier y el marqués de Arlandes. El 21 de noviembre de 1783, sobrevolaron París durante 25 minutos en un globo de aire caliente fabricado por los hermanos Montgolfier.

Globo Montgolfier

¿Quién construyó un avión de vapor?

El primer avión que despegó del suelo fue el *Éole* del aviador francés Clément Ader en 1890. Era de vapor, y tenía unas alas parecidas a las del murciélago. Sólo voló unos 50 m y no podía dirigirse.

Éole

¿Quién fue el primero en volar en parapente?

El primero que construyó y voló con un parapente fue el ingeniero alemán Otto Lilienthal. Realizó cientos de vuelos a partir de 1891. Se lanzaba desde colinas y planeaba. Murió en un accidente de parapente en 1896.

Otto Lilienthal

¡Increíble!

En el siglo XIV, los comerciantes chinos lanzaban cometas con personas atadas a ellas para ver si había bastante viento para hacerse a la mar en sus veleros. Si no lo conseguían, permanecían en el puerto hasta el día siguiente. El famoso viajero europeo Marco Polo fue quien narró este insólito hecho.

¿Es cierto?

La gente volaba agitando los brazos.

NO. Durante cientos de años, la gente trató de volar fijando unas alas a sus brazos y agitándolos. Eran los llamados «hombres pájaro» y muchos resultaron heridos o murieron tras lanzarse desde altos edificios o acantilados. A los humanos nos resulta imposible volar como los pájaros ya que los músculos de los hombros no permiten agitar los brazos con la fuerza suficiente.

¿Quién realizó el primer vuelo en aeroplano?

El primero en hacer un viaje controlado en un aeroplano con motor fue Orville Wright. Lo hizo en el aeroplano *Flyer* el 17 de diciembre de 1903 en Kitty Hawk (Carolina del Norte, EE.UU.). El vuelo sólo duró 12 segundos y cubrió una distancia de 36,5 m. El *Flyer* era un biplano construido por Orville y su hermano Wilbur, que eran fabricantes de bicicletas.

Monoplano Antoinette

Flyer

¡Increíble! **En 1914, el avión más rápido era más lento que los coches de carreras más veloces. El récord mundial de un avión era de sólo 204 km/h, mientras que el de velocidad en tierra era de 226 km/h. En 1920, los aviones ya imponían su dominio.**

¿Qué es un monoplano?

Es un aeroplano con un solo par de alas. Los primeros aeroplanos eran biplanos, ya que tenían dos juegos de alas. El elegante *Antoinette VII* de 1908 fue uno de los primeros monoplanos que volaron.

¿Es cierto?

Existió un avión que tenía 20 alas.

SÍ. En 1904, el inglés Horatio Phillips construyó un avión con 20 pequeñas alas una sobre otra. Fue un rotundo fracaso. ¡En 1907 fabricó un avión con no menos de 200 alas!

¿Quién fue el primero en sobrevolar el canal de la Mancha?

El francés Louis Blériot realizó en 1909 el primer vuelo que cruzó dicho canal. Hizo el viaje en uno de sus propios aviones, el monoplano *Blériot XI*. Sólo tardó 37 minutos en volar de Francia a Inglaterra y ganó un cuantioso premio de 1.000 libras.

¿Qué dirigible se incendió?

El dirigible de hidrógeno *Hindenburg* explotó en 1937 y murieron 35 de las 97 personas que iban a bordo. Era uno de los dos dirigibles más grandes de la historia. Medía 245 m de largo. ¡Era tan largo como dos campos y medio de fútbol!

Hindenburg

Dirigible de Giffard

¿Quién voló con el primer dirigible?

Fue el francés Henri Giffard, en 1852. El dirigible tenía una gran hélice impulsada por un pequeño motor de vapor y recorrió 27 km a 8 km/h.

¡Increíble!

En 1802, el francés André Jacques Garnerin saltó de la cesta de su globo de aire caliente cuando sobrevolaba Londres. Descendió de forma segura con su paracaídas. Fue el primer salto con paracaídas que tuvo éxito.

Breitling Orbiter

¿Es cierto?

La primera vuelta al mundo en globo sin escalas se completó en 1999.

SÍ. Bertrand Piccard y Brian Jones partieron en el *Breitling Orbiter 3* de Chateaux D'Oex (Suiza) y cruzaron la línea de meta en Mauritania 19 días, 21 horas y 55 minutos después. Piccard y Jones acabaron aterrizando en el desierto egipcio.

¿Aún se usan dirigibles?

Actualmente, unos pequeños dirigibles sobrevuelan los grandes acontecimientos deportivos. Llevan cámaras de televisión y, a menudo, tienen publicidad a los lados.

¿Quién fue el Barón Rojo?

El mejor piloto de caza que luchó en la Primera Guerra Mundial, el barón Manfred von Richthofen, era conocido como el *Barón Rojo*. Entre 1916 y 1918 abatió 80 aviones aliados. Debía su apodo al brillante triplano rojo Fokker Dr I que solía pilotar en combate.

El triplano Fokker Dr I del Barón Rojo

¡Increíble! **Algunos pilotos de caza no podían llevar paracaídas. En la Primera Guerra Mundial, los comandantes del ejército de la aviación británica prohibieron a los pilotos, artilleros y otros tripulantes llevar paracaídas para escapar de los aviones alcanzados.**

Vickers Vimy

¿Es cierto?

Los pilotos disparaban a sus propias hélices.

SÍ. En la Primera Guerra Mundial, los pilotos ametraballan sus propias hélices. Al principio, se protegieron las hélices con placas metálicas. En 1915, se inventó un sistema que garantizaba que las armas sólo dispararían cuando las paletas de la hélice no se encontraran en la línea de tiro.

Curtiss JN-4 «Jenny»

¿Qué eran los «asaltagranjas»?

Eran pilotos de acrobacias que recorrieron EE.UU. en la década de 1920 realizando temerarias maniobras aéreas. También paseaban a la gente y sobrevolaban las granjas a muy baja altura, de ahí su nombre.

¿Quiénes fueron los primeros en sobrevolar el Atlántico?

Los primeros en sobrevolar sin escalas el Atlántico fueron los británicos John Alcock (capitán) y Arthur Whitten Brown (teniente). Volaron en un bombardero bimotor Vickers Vimy en 1919. Tardaron 16 horas y 17 minutos y acabaron cayendo en una ciénaga.

El monoplano *Spirit of St Louis*, modelo Ryan M2

¿Quién fue el primero en sobrevolar el Atlántico en solitario?

El piloto estadounidense Charles Lindbergh realizó el primer vuelo transatlántico en solitario sin escalas en 1927. Su monoplano metálico Ryan, llamado *Spirit of St Louis*, se construyó especialmente para la ocasión. El vuelo duró 33 horas con 30 minutos. Lindbergh trató de permanecer despierto todo el tiempo para no caer al mar.

¡Increíble! **El piloto de la armada estadounidense Richard E. Byrd fue el primer hombre en sobrevolar los dos polos. Llegó al Polo Norte en mayo de 1926 como tripulante de un Fokker F VIIA y al Sur en noviembre de 1929 como comandante de un trimotor Ford.**

¿Quién fue el primero en sobrevolar el Pacífico?

¿Quién fue el primero en sobrevolar el Pacífico? En 1928, los australianos Charles Kingsford Smith, Charles Ulm y sus tripulantes realizaron el primer vuelo de EE.UU. a Australia en un trimotor Fokker. Repostaron cuatro veces en islas del Pacífico.

Trimotor Fokker

¿Es cierto?

La primera vuelta al mundo en avión realizada en solitario duró casi ocho días.

SÍ. Se llevó a cabo entre el 15 y el 22 de julio de 1933. El tiempo total de vuelo fue de siete días, 18 horas y 49 minutos para recorrer 25.099 km. El estadounidense Wiley Post logró la hazaña a bordo de un Lockheed Vega.

¿Qué mujer voló en solitario de Inglaterra a Australia?

La piloto inglesa Amy Johnson fue la primera mujer que voló en solitario de Inglaterra a Australia en un biplano Gypsy Moth en 1930. Entre otros peligros, estuvo a punto de chocar con una montaña.

Gypsy Moth

Amy Johnson

¿Es cierto?

Algunos hidroaviones vuelan justo por encima de las olas.

SÍ. Los hidroaviones experimentales llamados «vehículos de efecto de superficie» vuelan casi a ras del agua. El aire atrapado entre las alas y el agua permite volar al avión. Por ello, sus alas pueden ser más pequeñas que las de los aviones normales del mismo tamaño.

¿Qué avión es también un barco?

Un hidroavión de casco es un avión con el fuselaje en forma de casco de barco. Ameriza y despega en el agua y no en una pista. En la década de 1930, enormes hidroaviones de casco como el Short C-class Empire fueron muy usados para recorrer grandes distancias.

¡Increíble! **En 1938, un hidroavión de casco elevó a uno normal. Al no utilizar combustible para despegar, pudo sobrevolar el Atlántico sin realizar escalas.**

Supermarine S 6B

¿Qué velocidad puede alcanzar un hidroavión?

En 1931, un Supermarine estableció un récord mundial y ganó el trofeo Schneider. Estaba impulsado por un motor Rolls-Royce especial y alcanzó 655 km/h.

¿Cómo aterriza un avión en la nieve?

Los aviones pueden aterrizar en una superficie plana nevada o helada si cambian las ruedas por esquís. Uno de los primeros aviones con esquís fue un Fokker F VIIA usado para sobrevolar el Polo Norte. Estos aviones abastecen las bases polares.

Hidroavión de casco Short Maia

¿Qué aviones tienen un gancho?

Los que aterrizan en portaaviones tienen un gancho que baja desde la cola al aterrizar. El gancho se arrastra por la pista y se sujeta a cables que atraviesan la cubierta, de manera que el avión se detiene con un frenazo repentino.

Grumman Hellcat

¿Qué era una Fortaleza volante?

El Boeing B-17 Fortaleza volante era un pesado bombardero cuatrimotor utilizado por los aliados en la Segunda Guerra Mundial. Tenía un grueso blindaje y cuatro torretas. Entre 1935 y 1945, se construyeron 12.731 Fortalezas volantes.

Fortaleza volante

¿Quiénes atacaban desde el sol?

Durante la Segunda Guerra Mundial, los pilotos de combate japoneses volaban hacia sus objetivos desde la dirección del sol. De esta manera, a los pilotos y artilleros enemigos les resultaba muy difícil verlos, ya que el sol de fondo los deslumbraba.

P-51 Mustang

¡Increíble! **El Northrop P-61 Black Widow abatía los aviones enemigos por la noche. Lo lograba gracias al sistema de radar que tenía en el morro. Además, estaba pintado de negro, lo que dificultaba sobremanera verlo en el oscuro cielo nocturno.**

¿Es cierto?

Había aviones de madera.

SÍ. Un bombardero de la Segunda Guerra Mundial, el Mosquito de De Havilland, tenía un armazón de madera y contrachapado en las alas y el fuselaje, que lo hacía muy ligero, barato de construir y muy rápido.

¿Quién inventó el motor a reacción?

El ingeniero británico Frank Whittle, en 1930. En 1937, construyó uno que funcionaba. A la vez, Hans von Ohain construía en Alemania un motor similar.

Comet de De Havilland

Heinkel He 178

¡Increíble! **Cuando el primer avión a reacción (el Heinkel He 178) despegó en su viaje inaugural, succionó un pájaro con el motor. Los motores a reacción modernos están diseñados para soportar «impactos de pájaros», que podrían romper el ventilador y causar un accidente.**

¿Cuál fue el primer avión a reacción?

Fueron dos cazas experimentales construidos durante la Segunda Guerra Mundial. El alemán Heinkel He 178 voló en 1939 y el Gloster E 28/39 británico en 1941.

¿Cuál fue el primer avión de pasajeros a reacción?

Fue el *Comet I* de De Havilland. Tenía cuatro motores a reacción ubicados en la base de las alas. La primera compañía que utilizó el Comet fue la British Overseas Airways Corporation, en 1952, en la línea Londres-Johannesburgo.

¿Es cierto?

Los motores a reacción tienen ventiladores.

SÍ. En la parte delantera del motor hay un enorme ventilador que aspira aire. El ventilador comprime el aire y lo introduce en el motor. El combustible se quema en el aire, creando una ráfaga de gases calientes que salen del motor y hacen girar una turbina que activa el ventilador.

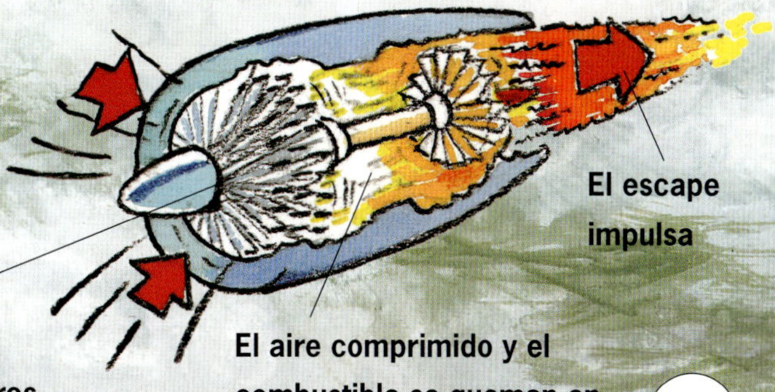

¿Es cierto?

El primer combate entre reactores se produjo en la Segunda Guerra Mundial.

NO. Los cazas a reacción empezaron a volar en ambos bandos casi al final de la Segunda Guerra Mundial, pero nunca se enfrentaron en combate. La primera vez que lucharon fue en 1950, durante la guerra de Corea. Un Lockheed F-80C estadounidense abatió un MiG-15 chino.

¿Qué caza puede mover las alas?

El Panavia Tornado tiene alas oscilantes que pueden pivotar hacia atrás y hacia delante. Se colocan hacia delante para despegar y aterrizar, ya que dan mucho impulso cuando el avión se mueve despacio, y se echan hacia atrás para volar a la máxima velocidad.

Panavia Tornado

¡Increíble!

Los cazas suelen repostar en el aire. El combustible procede de un avión cisterna. Los pilotos del caza y del avión cisterna deben ser diestros al acoplar la manguera de combustible que cuelga de la parte posterior del avión cisterna.

¿Qué avión es invisible?

El caza Lockheed F117A Stealth trata de ser invisible para los radares. La superficie plana del F117A y su pintura especial esparcen señales en los radares enemigos, lo cual dificulta su seguimiento. Sin embargo, un caza invisible estadounidense fue abatido en Yugoslavia en 1999.

¿Qué avión tiene las alas traseras hacia delante?

Las alas del Grumman X-29A parecen dispuestas al revés, pero no es así. El X-29A fue construido como avión experimental. Sus alas lo hacen tan inestable que sólo puede ser pilotado por ordenadores.

¿En qué avión caben más pasajeros?

El mayor avión comercial del mundo es el Airbus A380 construido por la Empresa Aeronáutica Europea. Mide 70 m de largo y tiene 2 pisos con una capacidad máxima de 840 pasajeros.

¡Increíble! Un hidroavión gigante con ocho motores, el Hércules H4 de Hughes, tenía una envergadura de cerca de 100 m y capacidad para 700 pasajeros. Conocido como *Spruce Goose*, sólo voló una vez en 1947 y ahora se conserva en un museo.

Boeing 747 «Jumbo Jet»

Antonov An-225

¿Cuál es el avión más grande?

El más grande del mundo es el avión de carga de seis motores Antonov An-225. Además de la carga, puede transportar otro avión. Es capaz de despegar con un peso de hasta 600 toneladas.

¿Es cierto?

Algunos aviones transportan tanques.

SÍ. Los grandes aviones de transporte militar como el Lockheed C5 Galaxy y el Antonov An-124 son lo bastante grandes como para cargar tanques. El Galaxy puede levantar dos tanques de 50 toneladas, que suben a bordo por rampas situadas en el morro o la cola.

¿Qué avión de pasajeros transatlántico sólo tiene dos motores?

El Boeing 777 cruza el Atlántico con sólo dos motores. Hasta 1984, todos los aviones transatlánticos tenían tres o cuatro motores por si se producía una avería. Ahora, los motores son más fiables.

¿Qué avión viajó a 7.270 km/h?

El 3 de octubre de 1967, un avión estadounidense X-15 propulsado por cohete alcanzó los 7.270 km/h, que sigue siendo el récord mundial. El X-15 también ostenta el récord de altura con 107.960 m, ¡casi 108 km sobre la superficie de la Tierra!

Avión cohete X-15

¿Qué avión no tenía alas?

En la década de 1970, los pilotos de las fuerzas aéreas de EE.UU. probaron un avión experimental sin alas llamado X-24A. Este avión cohete tenía un fuselaje con una forma especial.

Lockheed SR-71A «Blackbird»

¿Es cierto?
Se puede rebasar la velocidad del sonido.

SÍ. Algunos aviones supersónicos con motores potentes, como el *Concorde*, pueden volar más rápido que el sonido. El sonido se desplaza a 1.225 km/h.

¡Increíble! El piloto de cazas y de pruebas estadounidense Chuck Yeager fue el primero en rebasar la velocidad del sonido (Mach 1). En 1947, pilotó el avión propulsado por cohete Bell X-1 a Mach 1,015.

¿Cuál es el reactor más rápido?

El reactor más rápido de la historia era el avión espía estadounidense Lockheed SR-71A «Blackbird». Desde 1976, ostenta el récord oficial de velocidad con una marca increíble de 3.529,56 km/h. En 1974 voló de Nueva York a Londres en un tiempo de 1 hora con 55 minutos.

Bell X-1

Chuck Yeager

¿Qué reactor puede permanecer inmóvil en el aire?

El caza Harrier puede despegar y aterrizar verticalmente, y también mantenerse inmóvil en el aire. El escape de sus motores a reacción se expulsa por cuatro toberas giratorias. Para mantenerse en el aire, las toberas apuntan hacia abajo, mientras que para avanzar, apuntan hacia atrás.

¡Increíble! Unos ingenieros construyeron una máquina con dos motores a reacción para probar el despegue y aterrizaje verticales. La llamaban «la cama voladora», pero su nombre real era Plataforma de Medición de la Propulsión.

Dash de De Havilland

¿Qué avión puede despegar y aterrizar en ciudades?

El Dash de De Havilland vuela entre pequeños aeropuertos con pistas cortas que suelen estar cerca del centro de las ciudades. Puede despegar y aterrizar en una pista de sólo unos pocos cientos de metros.

Caza Harrier

¿Qué avión puede girar sus motores?

El Bell/Boeing V-22 Osprey es medio helicóptero, medio avión. Tiene hélices que giran hacia arriba para despegar, como un helicóptero. Para ir hacia delante, se giran hacia abajo y vuela como un avión.

Bell/Boeing V-22

¿Es cierto?

Hay quien vuela con mochilas a reacción.

SÍ. Con el cinturón propulsado por cohete Bell, un piloto consiguió despegar y permanecer en el aire. En la película *Operación Trueno*, James Bond escapa de sus enemigos con uno. Pero el combustible contenido en el cinturón limita el tiempo de vuelo a menos de 30 segundos.

¿Por qué se usan helicópteros en los rescates?

Los helicópteros son aptos para los rescates ya que pueden detenerse en el aire y aterrizar en sitios pequeños. En el mar, pueden mantenerse en el aire mientras izan a la gente del agua. También se utilizan para rescatar a montañeros heridos y trasladarlos al hospital.

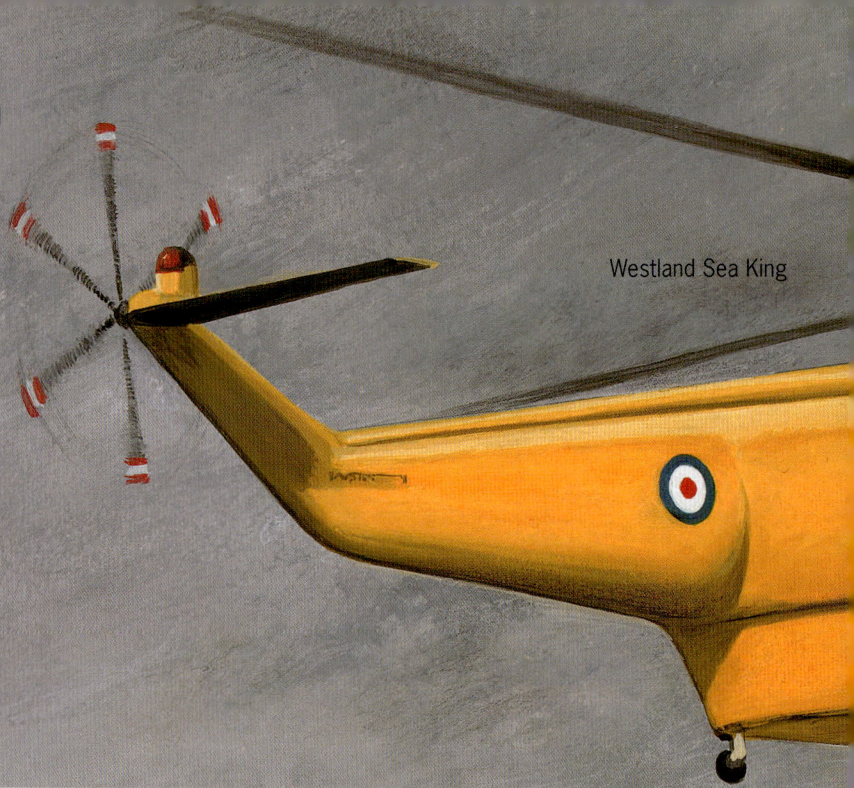

Westland Sea King

VS-300 de Sikorsky

¡Increíble! Algunos helicópteros pueden servir como grúas y trasladar objetos pesados a cortas distancias. Tienen un espacio de carga donde suele estar el fuselaje.

¿Quién inventó el primer helicóptero?

La gente empezó a realizar vuelos breves en helicóptero en 1907, pero el primer vuelo en un helicóptero de verdad tuvo lugar en 1939, cuando el inventor Igor Sikorsky voló con su VS-300. Aquel aparato tenía un solo rotor principal y otro de cola, y era el antepasado de los helicópteros modernos.

¿Es cierto?

Todos los helicópteros tienen dos rotores.

NO. Los helicópteros más modernos tienen un propulsor de cola en lugar de un segundo rotor, aunque la mayoría tienen dos rotores. Cuando el motor hace girar el rotor principal en un sentido, la inercia hace que el fuselaje gire en sentido contrario. Un segundo rotor en la cola evita que eso suceda. En los helicópteros de dos rotores, los rotores principales giran en sentidos opuestos, de modo que no se necesita el rotor de cola.

¿Qué es un autogiro?

El autogiro tiene un rotor que no está impulsado por un motor, sino por la hélice. El rotor gira automáticamente, aportando la propulsión que mantiene el autogiro en el aire.

Planeador

¿Qué aviones no tienen motor?

Los planeadores. Son remolcados hasta que alzan el vuelo y planean poco a poco hasta el suelo. Los pilotos pueden permanecer en el aire durante horas aprovechando las corrientes ascendentes de aire llamadas «térmicas».

¿Qué es un ala delta?

Un ala delta es un tipo de planeador. El piloto cuelga del ala mediante un arnés. La conduce por el aire mediante una barra de control, tirando de ella o bien empujándola e inclinándola.

Globo aerostático

¡Increíble!

Los pilotos de los parapentes pueden acoplar pequeños motores a su espalda para convertirlos en una especie de aviones. Un parapente es como un paracaídas que se llena de aire para formar un ala debajo de la cual cuelga el piloto de un arnés.

¿Cómo se mantienen en el aire los globos aerostáticos?

Los globos vuelan gracias al aire caliente. Un quemador de gas calienta el aire del interior del globo. Este aire caliente es más ligero que el aire frío del exterior. Ello empuja el globo hacia arriba como si se tratara de un balón lleno de aire bajo el agua.

¿Es cierto?

La lanzadera espacial es un planeador.

SÍ. La lanzadera es puesta en órbita por potentes cohetes, pero aterriza en la Tierra como un planeador. Los dos impulsores de combustible se desprenden antes de regresar a la Tierra, así que el piloto sólo tiene una oportunidad de aterrizar correctamente.

CAPÍTULO OCHO

NAVES ESPACIALES

¿Quién fabricó el primer cohete de combustible líquido?

Robert Goddard, ingeniero estadounidense, lanzó el primero en marzo de 1926. Su cohete, que quemaba gasolina y oxígeno líquido, alcanzó una altura de 12,5 m y aterrizó a 56 m del punto de lanzamiento. Demostró que en el futuro sería posible viajar al espacio.

Robert Goddard

¡Increíble! Los chinos inventaron los cohetes a principios del pasado milenio. Impulsados por una pólvora primitiva, los cohetes chinos del año 1000 parecían fuegos artificiales. Los usaban en batallas como flechas de fuego. En los últimos 1.000 años, los grandes avances en el diseño de cohetes se han debido a las guerras.

¿Qué hizo el primer satélite?

La Unión Soviética puso en órbita el *Sputnik 1* el 4 de octubre de 1957, 121 días antes que su rival estadounidense, el *Explorer 1*. El *Sputnik 1* daba una vuelta a la Tierra cada 90 minutos y envió mensajes durante 21 días que el mundo escuchó por la radio.

Sputnik 1

Cohete alemán V2

¿Es cierto?

En la Segunda Guerra Mundial se usaron cohetes.

SÍ. El científico alemán Wernher von Braun fabricó cohetes capaces de lanzar bombas al otro lado del canal de la Mancha. Así, causaron daños en Londres sin arriesgar las vidas de los pilotos alemanes. El cohete V2 de Von Braun tuvo tanto éxito que, tras la guerra, Estados Unidos le contrató para el desarrollo de su programa espacial.

¿Quién fue el primer terrícola que viajó al espacio?

Antes de que las primeras personas viajaran al espacio, lo hicieron los animales. La perra rusa *Laika* fue el primer terrícola que llegó al espacio. Los siete días que pasó en órbita demostraron que los humanos podrían viajar al espacio.

Laika

¿Cuál ha sido el cohete más grande?

Los estadounidenses Saturno 5 eran monstruos de 111 m de altura y 2.903 toneladas de peso en la plataforma de lanzamiento (¡tan pesados como 600 elefantes!)! Los cohetes, que consumían nada menos que 15 toneladas de combustible por segundo, se utilizaron para enviar a la Luna todas las misiones Apolo.

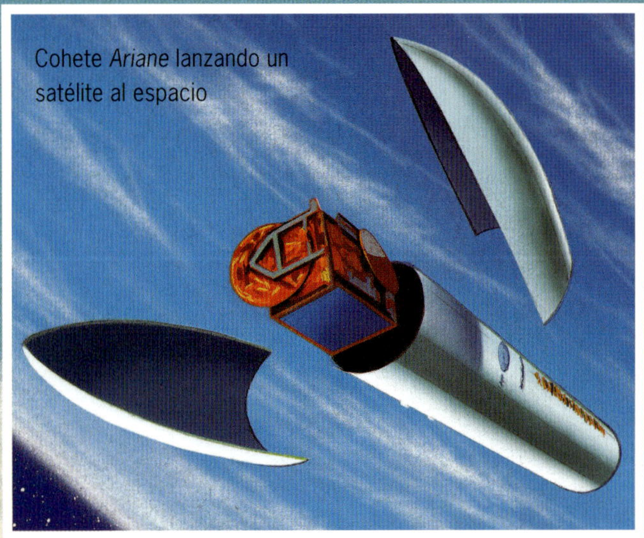
Cohete *Ariane* lanzando un satélite al espacio

¿Qué llevan los cohetes?

La carga de los cohetes se llama «carga útil». La mayoría de los cohetes se diseña para transportar uno o dos satélites. Algunos satélites son de investigación científica, otros de comunicación y otros, espías. Y, por supuesto, algunos también llevan personas.

Saturno 5

¿Es cierto? *Los reactores pueden volar en el espacio.*

NO. Los motores a reacción necesitan el oxígeno del aire para quemar el combustible. Dado que en el espacio no hay aire, allí no funcionarían.

¿Por qué tienen fases los cohetes?

Los cohetes deben contener suficiente combustible para salir de la zona de gravedad de la Tierra. Pero una vez que se ha quemado el combustible, esos grandes motores y depósitos resultan inútiles. Su peso dificultaría la llegada a la Luna. Por ello, los cohetes se fabrican por fases, o piezas, que se desprenden después de cumplir su función.

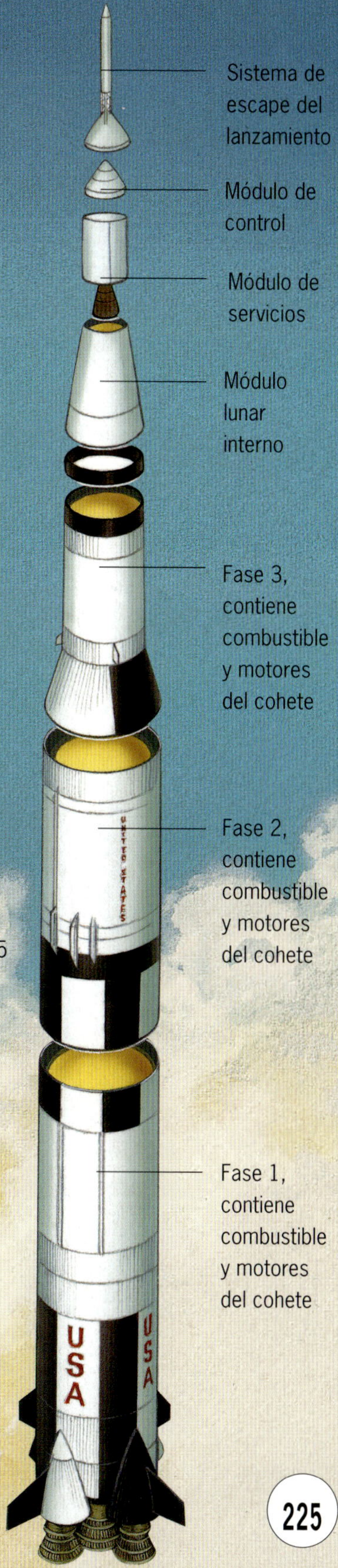

Saturno 5

¡Increíble! **¡Tres ingenieros alemanes fabricaron un coche impulsado por cohete en 1928! Fritz von Opel, Max Valier y Friedrich Sander probaron la primera versión, el *Opel-Rak 1*, el 15 de marzo de 1928. Después, Opel aplicó lo que aprendió de Valier al respecto para acoplar 16 cohetes en un planeador que fue el segundo avión de la industria impulsado por cohete.**

¿Quién fue la primera persona que viajó al espacio?

Yuri Gagarin, piloto soviético de 27 años, orbitó la Tierra el 12 de abril de 1961. Pasó 90 minutos en el espacio en la nave *Vostok 1* antes de regresar sano y salvo a la Tierra. Gagarin saltó de su cápsula a cinco km de la superficie terrestre y aterrizó con su paracaídas cerca de una sorprendida niña de seis años.

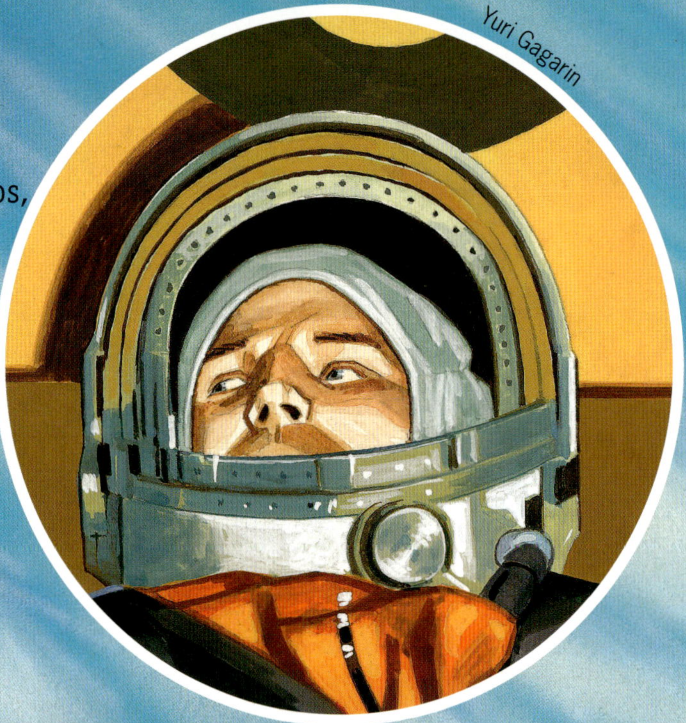
Yuri Gagarin

Cápsula *Mercury* de John Glenn

¿Quién fue el primer estadounidense que viajó al espacio?

Alan Shepard llegó al espacio el 5 de mayo de 1961. Permaneció sólo unos segundos pero inspiró a EE.UU. para llegar a la Luna. John Glenn fue el primer estadounidense que recorrió la órbita terrestre.

¡Increíble! **Desde el espacio se puede ver la Gran Muralla china. Especialmente al atardecer y al amanecer, proyecta una sombra muy nítida que puede apreciarse a simple vista. Sin necesidad de telescopio, también se ven las luces de ciertas ciudades y algunos superpetroleros.**

Alexei Leonov sale de su nave *Voskhod*

¿Quién dio el primer paseo espacial?

Alexei Leonov caminó por el espacio el 18 de marzo de 1965. Estaba unido por un cable a la cápsula espacial para no alejarse flotando. ¡Su traje estaba hinchado de aire y tuvo que dejar que se deshinchara para volver a caber en la cápsula!

¿Es cierto?

Sally Ride fue la primera mujer que viajó al espacio.

NO. Valentina Tereshkova, una trabajadora rusa del sector textil, se formó como piloto. Viajó al espacio el 16 de junio de 1963 y permaneció en la *Vostok 6* casi tres días. Aquel mismo año se casó con otro astronauta soviético, Andrian Nikolayev. Sally Ride fue la primera estadounidense que llegó al espacio y lo hizo a bordo de la lanzadera *Challenger* en 1983.

Valentina Tereshkova

Neil Armstrong

¿Quién fue el primer hombre que pisó la Luna?

Neil Armstrong fue el primer hombre que pisó la Luna el sábado 20 de julio de 1969. Armstrong dijo que aquel era un pequeño paso para un hombre pero un gran paso para la humanidad. Le siguió Buzz Aldrin, mientras Michael Collins recorría sobre ellos la órbita lunar.

¿Es cierto?

Unos astronautas jugaron al golf en la Luna.

SÍ. El *Apolo 14* alunizó en febrero de 1971, pilotado por Alan Shepard, el primer estadounidense que viajó al espacio, y Edgar Mitchell. Tomaron muestras de rocas y realizaron algunos experimentos científicos. Una vez finalizado su trabajo de investigación serio, Alan Shepard sacó un palo de golf y golpeó unas bolas que, gracias a la escasa gravedad de la Luna, se desplazaron 370 m (mucho más lejos de lo que habrían llegado en la Tierra).

¡Increíble! En la Luna no hay viento, de modo que las banderas deben llevar un alambre arriba para desplegarse. Armstrong y Aldrin plantaron la primera bandera, y la pusieron tan cerca de la nave que la golpearon al despegar.

¿Quién llevó un coche a la Luna?

La tripulación del *Apolo 15* llevó un «*jeep* lunar» a la Luna en 1971. David Scott y James Irwin condujeron el coche con batería a una velocidad de hasta 11 km/h. El vehículo incorporaba una antena parabólica, una cámara de televisión y cestas para llevar rocas lunares.

Jeep lunar

Apolo 13

¿A quién trajo mala suerte el número 13?

James Lovell y su tripulación viajaban a la Luna en el *Apolo 13* el 13 de abril de 1970 cuando explotaron los depósitos de oxígeno y se averió la nave. Se canceló la misión a la Luna y desde el control de tierra se hizo todo lo posible para traer a los astronautas sanos y salvos a la Tierra.

¿Cómo se ponen los trajes espaciales?

Los trajes presentan tantas complicaciones como las naves. Deben acoplarse bien al cuerpo del astronauta, pero son 5 cm más altos a propósito. Eso es lo que se alarga la columna vertebral debido a la ingravidez.

¿Es cierto?

Los astronautas se marean en el espacio.

SÍ. La ingravidez puede alterar los sentidos del cuerpo y provocar vómitos. Como es lógico, un astronauta debe esperar a estar en perfectas condiciones antes de realizar un paseo espacial.

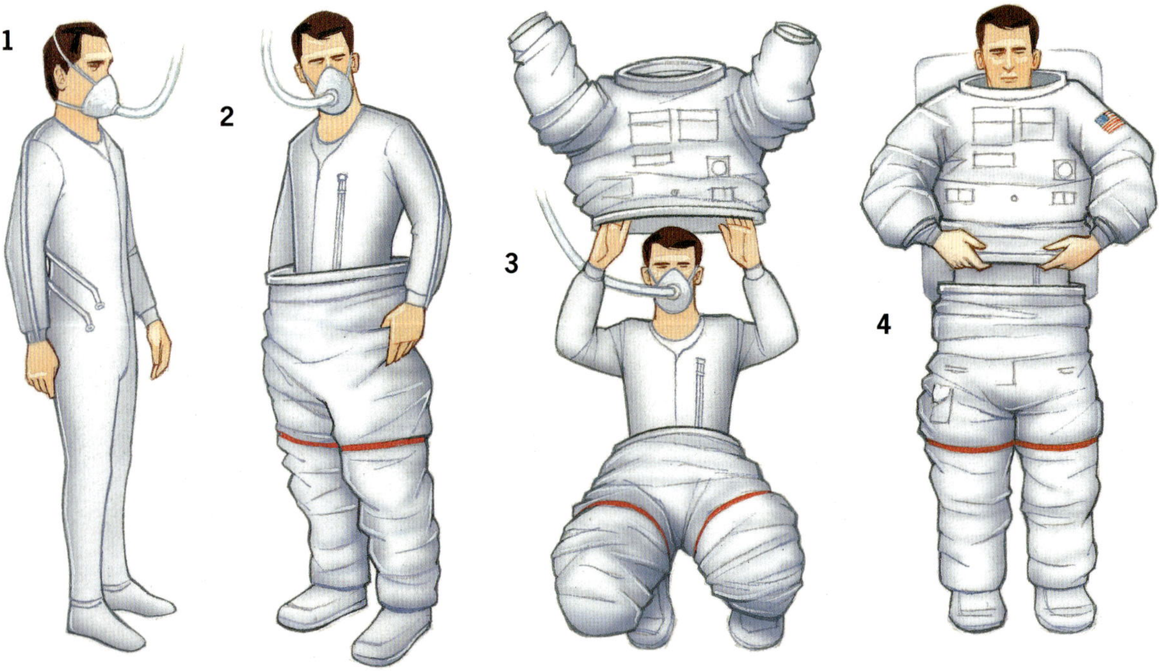

1 Ponerse una ropa interior con control de temperatura. 2 Colocarse la parte inferior del traje, las botas y el pañal. 3 Colocarse la parte superior desde abajo. 4 Unir ambas partes con conectores metálicos. 5 Colocarse los cascos de la radio y comprobar que funciona el micrófono. 6 Sujetar los guantes al traje con los conectores metálicos. 7 Ponerse el casco y fijarlo. 8 Comprobar que los sistemas de soporte vital funcionan antes de salir por la cámara estanca.

¡Increíble! Dado que no es posible taparse la nariz dentro del traje, este lo hace por ti. El casco incorpora un dispositivo que tapona la nariz al pulsarlo. Los astronautas lo utilizan mientras soplan, para destaponar los oídos cuando cambia la presión.

Formación bajo el agua

¿Cómo se entrenan los astronautas?

Trabajar con un voluminoso traje espacial requiere mucha práctica, pero en el espacio no pueden cometerse errores. Por ello, los astronautas practican en depósitos de agua en la Tierra, puesto que así tienen sensación de ingravidez.

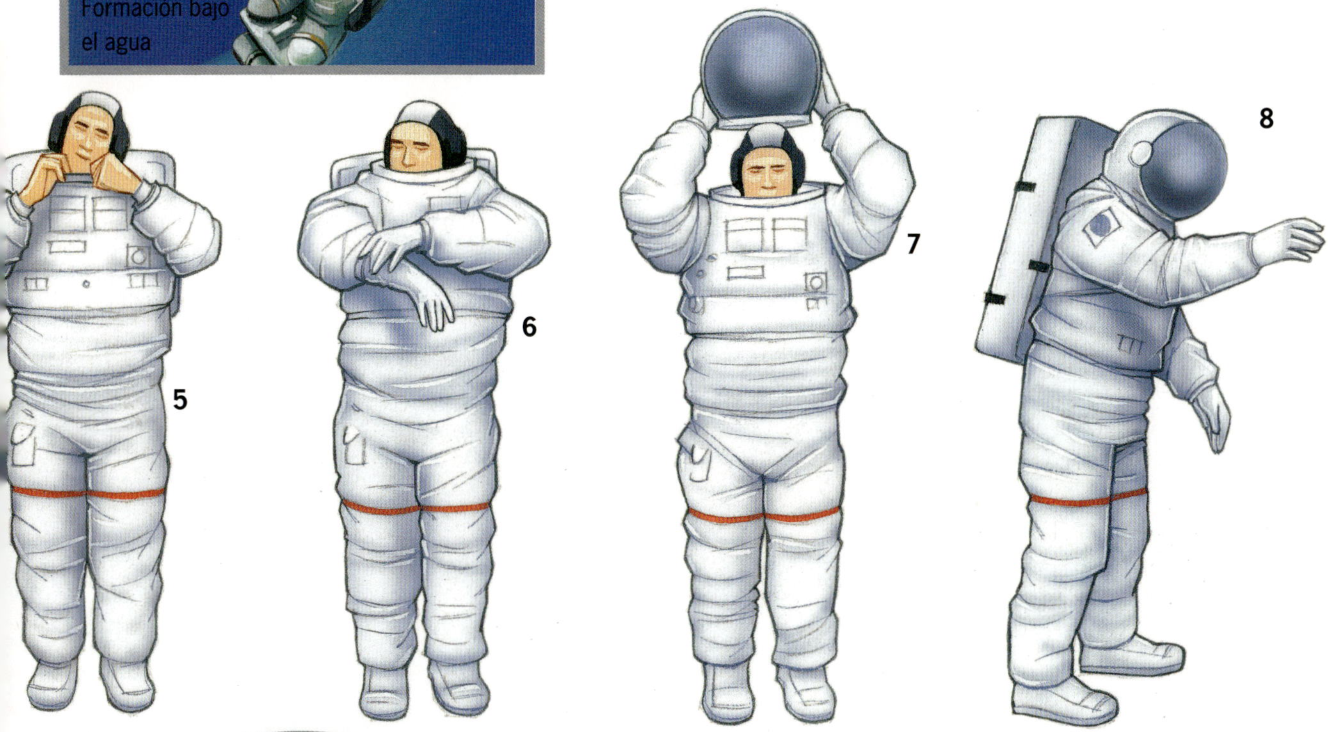

¿Por qué son necesarios los trajes espaciales?

El espacio es un vacío (no hay aire), de modo que resulta mortal para los humanos. Los trajes suministran aire para que los astronautas respiren, mantienen una temperatura adecuada y bloquean la radiación. ¡Y, además, impiden que el cuerpo explote!

¿Qué temperatura soportaban las cápsulas lunares?

Si se frotan las manos muy rápido, se calientan. Imagina lo que pueden llegar a calentarse las cápsulas al entrar en contacto con la atmósfera ¡a 62.000 km/h! Antes de que se utilizara la lanzadera, todos los astronautas regresaban del espacio en cápsulas. Un escudo térmico protegía a la tripulación de temperaturas exteriores del orden de 3.000°C.

Cápsula entrando en la atmósfera terrestre

¿Es cierto?

Todas las naves son reutilizables.

NO. Sólo las lanzaderas espaciales estadounidenses y el avión espacial ruso *Buran* son reutilizables. La lanzadera usa cohetes propulsores para alcanzar la órbita que se desprenden y caen a la Tierra en paracaídas, aunque el depósito de combustible no puede reutilizarse.

¿Dónde aterrizaban las cápsulas?

Una vez que el aire había frenado la cápsula, los astronautas activaban unos paracaídas a modo de frenos gigantes que la hacían amerizar suavemente. Después, un helicóptero los rescataba. Todos los que han pisado la Luna han caído en el mar.

¿Qué viajeros espaciales tienen asientos eyectables?

La Unión Soviética no disponía de ningún océano seguro, así que los cosmonautas debían aterrizar en tierra firme. Utilizaban asientos eyectables para abandonar su cápsula cuando caía en picado a unos 5 km del suelo y se posaban en tierra suavemente con paracaídas.

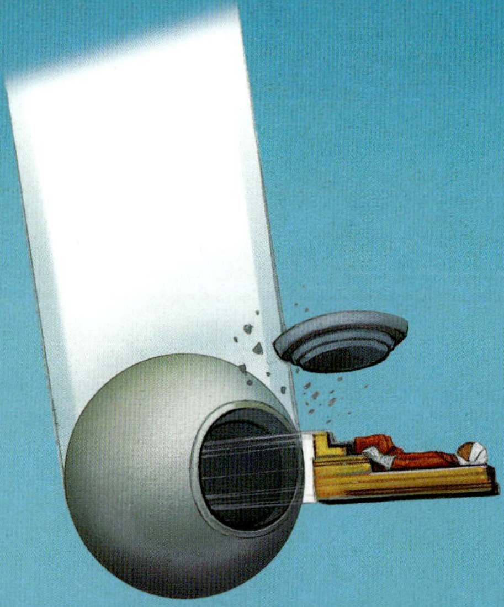

¡Increíble! Rusia llama a sus viajeros espaciales «cosmonautas», («navegantes del universo»). EE.UU. considera que es mejor «astronauta», que significa «navegante de las estrellas».

¿Qué comen los astronautas?

En el espacio, toman alimentos deshidratados (sin agua), que pesan menos que la comida normal. Cuando la nave quema hidrógeno y oxígeno en órbita, crea agua, que los astronautas añaden a sus alimentos. Comen despacio para que la comida no salga volando.

Comida en el espacio

Astronautas probando la ducha de la estación espacial

¿Es cierto?

Los astronautas no pueden lavarse en el espacio.

NO. La estación espacial estadounidense *Skylab* (1973-1974) tenía una ducha y lo mismo sucederá con las estaciones del futuro. Los astronautas se metían en una bolsa para lavarse y luego se aspiraba el agua. En las lanzaderas no hay duchas y la tripulación utiliza toallitas húmedas.

¡Increíble! **¡Gambas, arañas, moscas, abejas, medusas, ranas y peces de colores han ido al espacio! Primero se usaron animales para ver si las personas sobrevivirían a los viajes espaciales. La primera criatura que orbitó alrededor de la Luna fue una tortuga.**

¿Cuánto tiempo se puede permanecer en el espacio?

¡No se sabe! La ingravidez ralentiza el corazón y debilita los huesos. Pero con ejercicio y protección contra la radiación la estancia en el espacio sería indefinida.

Lanzadera acoplándose a la estación espacial *Mir*

¿Cómo vas al váter en el espacio?

¡Con mucho cuidado! Una vez sujeto al váter, la taza funciona como una aspiradora. Los líquidos se lanzan al espacio y los sólidos se traen de vuelta a casa.

¿Qué nave es reutilizable?

La lanzadera fue la primera nave reutilizable del mundo. En lugar de las fases de los cohetes, tiene cohetes propulsores independientes y un gran depósito de combustible. La lanzadera los desprende antes de entrar en órbita y al final se posa en la Tierra utilizando sus alas.

3

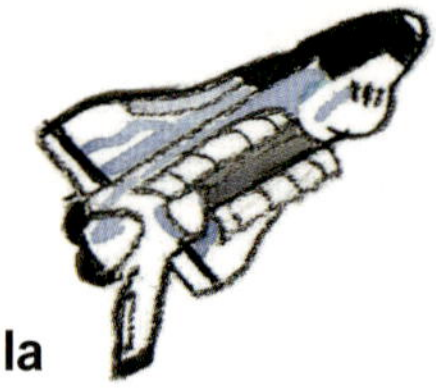

3 Al final de la misión, la lanzadera vuelve a la Tierra para ser reutilizada.

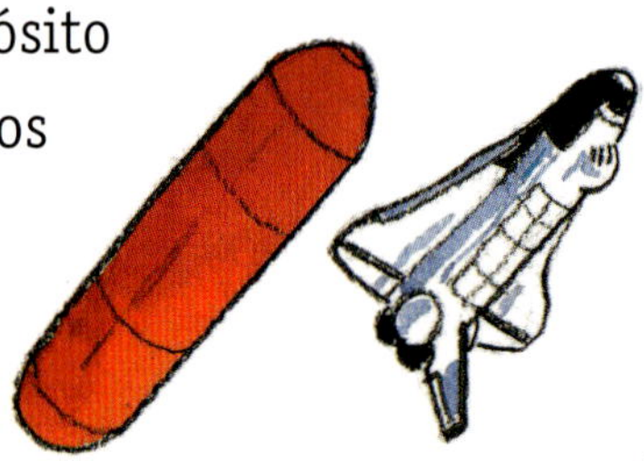

2

2 El depósito de combustible se desprende y se quema en la atmósfera. Es la única pieza que no se reutiliza.

1

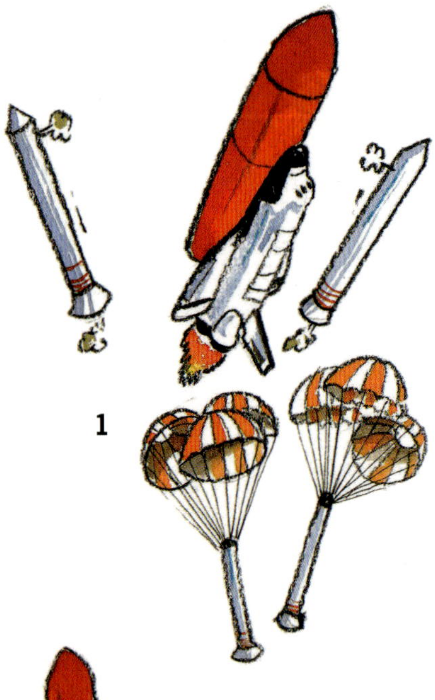

1 Los cohetes propulsores se desprenden y caen a la Tierra en paracaídas para poder reutilizarlos.

La unidad de maniobra tripulada en acción

¿Qué es una UMT?

La Unidad de Maniobra Tripulada (UMT) es una pequeña nave acoplada. Junto con un traje espacial, permite a un astronauta moverse libremente por el espacio. Usa 24 pequeños propulsores de gas y vuela en todas las direcciones.

¡Increíble! La lanzadera tiene una zona especial de carga con capacidad para 29 toneladas (el tamaño y peso de una ballena jorobada).

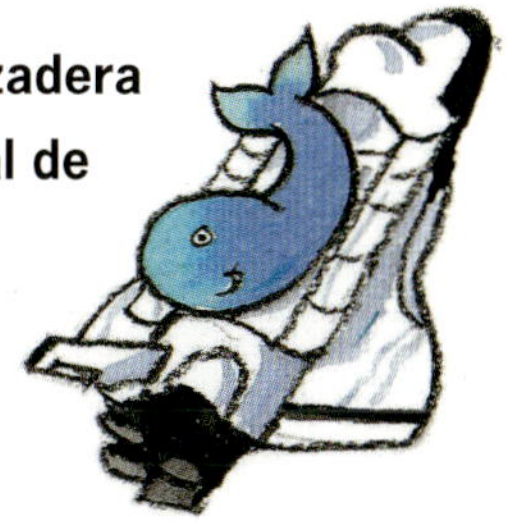

¿Qué hace la lanzadera?

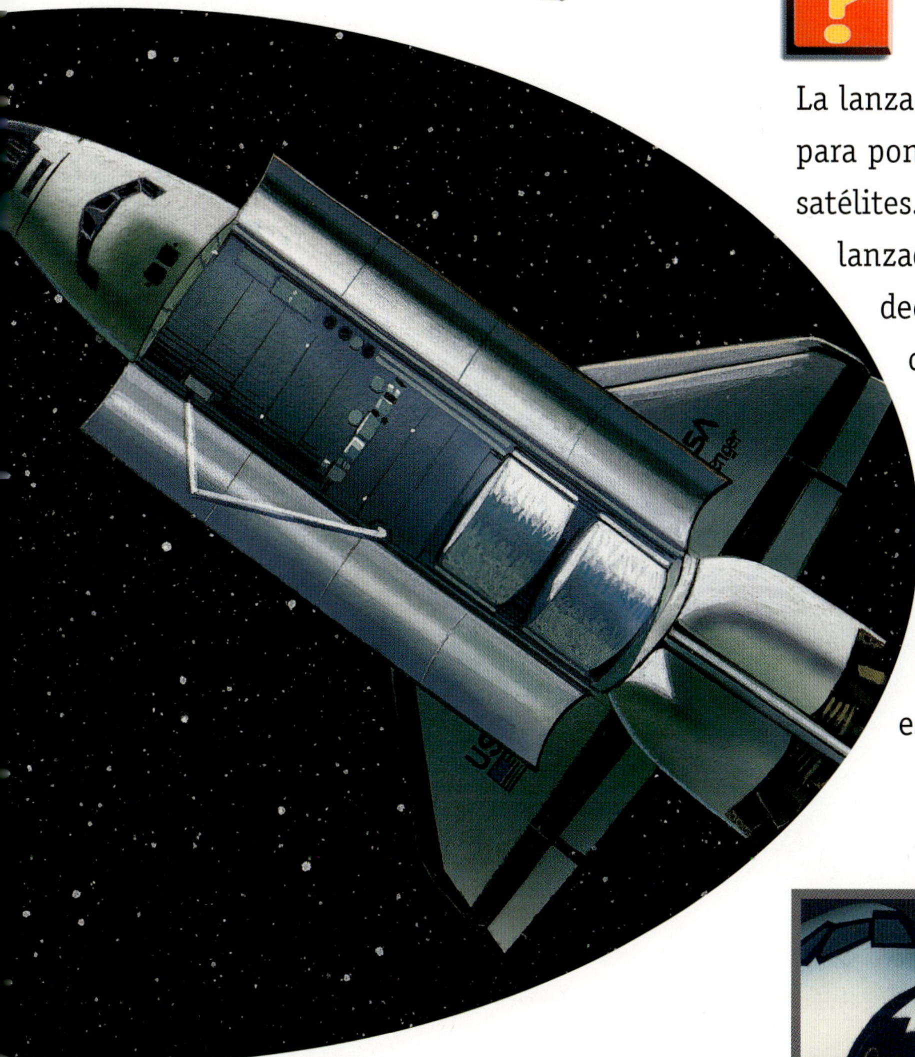

La lanzadera se utilizó primero para poner en órbita grandes satélites. Tras la explosión de una lanzadera en 1986, la NASA decidió usar de nuevo cohetes no tripulados para lanzar satélites. La lanzadera se dedica ahora a la investigación, la reparación de satélites en órbita y la construcción de una estación espacial.

Losetas del morro de la lanzadera

¿Es cierto?

La lanzadera está protegida por losetas.

SÍ. La lanzadera es de aluminio, un metal muy ligero pero que se funde a temperaturas elevadas. Una lanzadera soporta temperaturas de hasta 3.000°C en su regreso a la Tierra y necesita 20.000 losetas refractarias en el morro y el vientre.

¿Qué es un satélite?

Es todo lo que describe una órbita alrededor del mundo. Los satélites artificiales suelen ser más pequeños que un coche. Se fabrican para realizar tareas especiales. Algunos estudian la Tierra o rebotan mensajes electrónicos a todo el mundo, y otros son telescopios para estudiar el universo. La Tierra también tiene un satélite natural: la Luna.

Satélite de comunicaciones

¿Cómo se mantienen los satélites en órbita?

Una vez lanzados por un cohete, los satélites intentan salir al espacio y la Tierra trata de atraerlos. Ambos movimientos provocan un equilibrio que hace que el satélite viaje en círculos, dibujando una ruta orbital.

¿Pueden caer los satélites del cielo?

Sí, puede haber accidentes. Algunos satélites han caído al océano y varias piezas de la estación espacial *Skylab* se encontraron en una granja australiana, después de que regresara a la Tierra en 1979.

Un satélite impacta con el océano

¿Es cierto?

Hay satélites espía en el cielo.

SÍ. **Una razón de peso de la carrera espacial entre Rusia y Estados Unidos era espiarse. Los satélites espías usan cámaras telescópicas. Los primeros solían enviar películas a la Tierra con paracaídas. Ahora, toman fotografías digitales y las transmiten utilizando códigos secretos.**

¡Increíble! **Hay 150.000 trozos de basura espacial que vuelan a velocidades increíbles y son muy peligrosos. La ventana de una lanzadera se rompió una vez por el impacto de una laminilla de pintura. Las fuerzas aéreas estadounidenses controlan los 8.500 objetos más grandes que hay en órbita. Hacer que la basura entre en la atmósfera y se queme ayuda a limpiar el espacio.**

¿Hay un telescopio en el espacio?

Los astrónomos de la Tierra tienen una visibilidad reducida por nuestra atmósfera nublada y sucia, que hace que las estrellas parezcan titilar. En el espacio no hay aire, así que los objetos lejanos se ven muy claramente. ¡El telescopio espacial Hubble ha tomado fotografías de galaxias situadas a 13.000 millones de años luz!

Telescopio Hubble

¡Increíble! **Se pueden unir varios telescopios espaciales para obtener un gran ojo. Primero hay que lanzar al espacio muchos telescopios pequeños. Después, deben alinearse como las cuentas de un collar. Unos ordenadores comparan lo que ve cada telescopio y rellenan los huecos. Y así puede obtenerse un telescopio virtual tan grande como una ciudad.**

Reparación del Hubble

Nebulosa del Águila

¿Es cierto?

El telescopio Hubble puede ver estrellas.

SÍ. Esta imagen del Hubble muestra la formación de estrellas en la nebulosa del Águila. Los dedos de niebla son más grandes que todo nuestro sistema solar. Están formados por gas y polvo, que poco a poco forman masas que crecen y, al calentarse, dan lugar a miles de nuevas estrellas.

¿Qué pasa si se estropea el telescopio?

Unos astronautas tuvieron que reparar el Hubble poco después de su lanzamiento. El espejo que utiliza para captar imágenes no tenía la forma adecuada y generaba fotografías borrosas. En diciembre de 1993, una lanzadera fue al encuentro del Hubble y unos astronautas lograron ajustar el espejo.

La sonda *Voyager*, cerca de Neptuno

¿Qué sondas han visitado todos los planetas?

Las personas todavía no pueden viajar a otros planetas. Para ir a Marte se necesitaría una nave mucho más grande que la lanzadera. Sin embargo, sondas no tripuladas como la *Voyager* pueden recorrer el sistema solar y enviar imágenes de los planetas.

¿Es cierto?

Una sonda visitó Mercurio.

SÍ. Una sonda espacial llamada *Mariner 10* visitó el planeta Mercurio tres veces en la década de 1970. Además de tomar fotos, descubrió el extraño campo magnético de Mercurio e indicios de hielo en los polos.

Sonda *Venera*

¿Qué sonda se calentó demasiado?

Cuatro sondas *Venera* han aterrizado en Venus. Allí la temperatura es de 460°C y, además, llueve ácido sulfúrico.

¡Increíble!

El 14 de enero de 2005 la sonda *Huygens* entró en la atmósfera de Titán, la mayor luna de Saturno. Llegó hasta allí impulsada por la sonda nodriza *Cassini*. Titán es más grande que los planetas Mercurio o Plutón y tiene su propia atmósfera de nubes, que nos impide ver su superficie. Posiblemente Titán esté cubierta por un océano, así que la sonda *Huygens* está diseñada para flotar.

¿Qué sonda visitó un cometa?

Giotto visitó el cometa *Halley* a su paso junto a la Tierra en 1986. Tenía un escudo especial para protegerse del polvo de la cola del cometa. La sonda tomó mediciones y fotografías a 600 km de distancia, que revelaron el núcleo rocoso del cometa.

Giotto a su paso por el cometa *Halley*

¿Es cierto?
Hay vida en Marte.

NO. Las sondas han comprobado si hay vida en el suelo de Marte, alimentándolo para ver si había en él algún organismo hambriento. Pero no ha sido así. Los científicos encontraron lo que parecían fósiles dentro de una roca de Marte. Tras analizarlos, concluyeron que probablemente eran cristales extraños. Así que no hay vida en Marte, ¡a no ser que esté muy escondida!

¿Qué rebotó en la superficie de Marte?

La sonda *Mars Pathfinder* cayó a Marte entre globos. Estos se separaron del paracaídas, se desinflaron y el vehículo Sojourner se alejó poco a poco de ellos.

¿Quién condujo un vehículo en Marte?

La sonda *Mars Pathfinder* (1997) incorporaba un pequeño vehículo de seis ruedas llamado *Sojourner* que utilizaba una cámara y rayos láser para desplazarse. Los científicos de la Tierra indicaban por radio al *Sojourner* que examinara objetos concretos, pero el robot decidía cómo llegar a ellos.

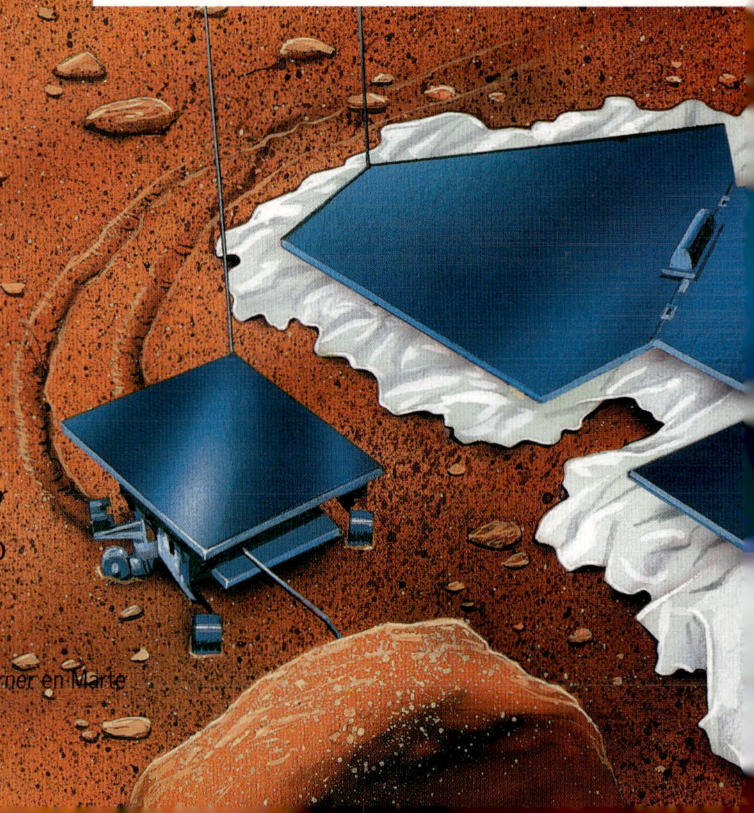

El *Sojourner* en Marte

¿Aterrizaron las sondas *Viking* en Marte?

Dos sondas espaciales, las *Viking 1* y *2*, aterrizaron en Marte en la década de 1970. Tomaron 3.000 fotografías, algunas tridimensionales, y las transmitieron a la Tierra. Las sondas *Viking* también midieron patrones climáticos y buscaron indicios de vida en el suelo. Pero no encontraron ningún extraterrestre.

Aterrizaje de la *Mars Pathfinder*

Sonda Mars

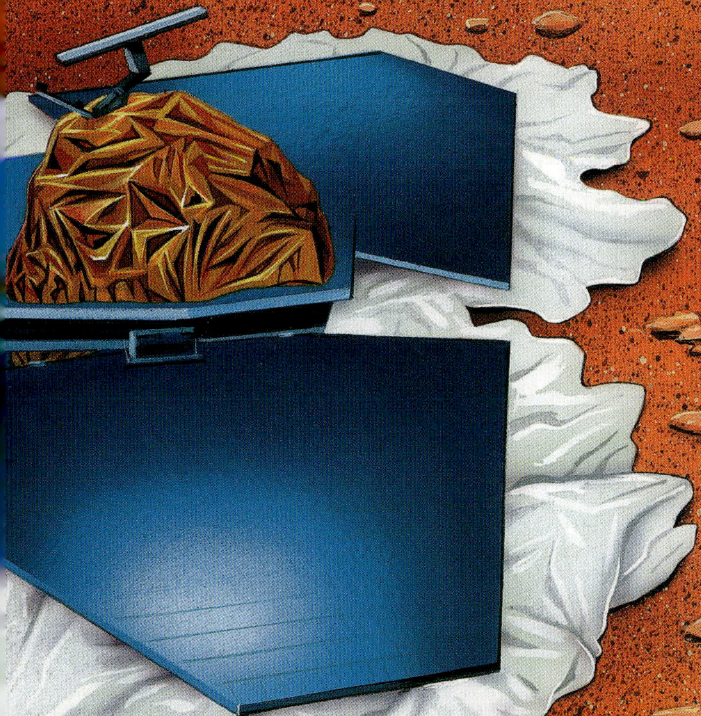

¡Increíble! Durante los 20 años anteriores a la Pathfinder, varias sondas enviadas a Marte acabaron en desastre. Un total de 16 sondas rusas explotaron en el lanzamiento, no encontraron el planeta o chocaron contra su superficie. La sonda estadounidense *Observer* explotó al entrar en la órbita de Marte. Algunas sondas se perdieron. Y nadie sabe por qué.

¡Increíble! John Glenn viajó al espacio con 77 años. Le colocaron unos sensores en la piel para controlar su salud. Su gesta tuvo lugar 36 años después de su primer viaje espacial, cuando se convirtió en el primer estadounidense en orbitar alrededor de la Tierra.

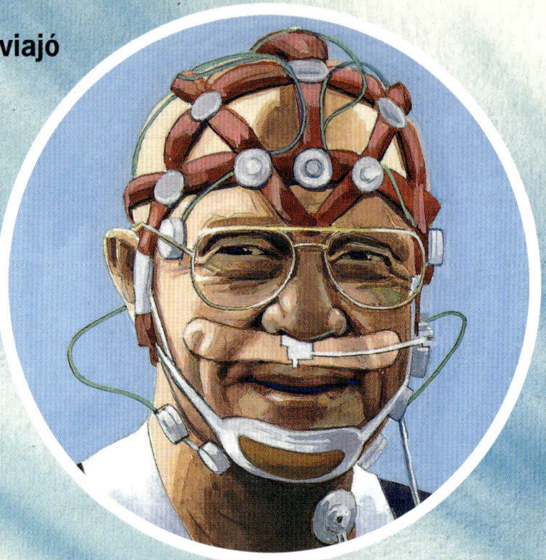

John Glenn

¿Quién está construyendo una nueva estación espacial?

EE.UU. lidera un grupo de países en la construcción de la nueva Estación Espacial Internacional (ISS). La lanzadera espacial se usa para enviar piezas. La mayoría están fabricadas en EE.UU., pero las hay japonesas, rusas, canadienses y europeas. La ISS utiliza enormes paneles solares para generar su propia electricidad.

Estación espacial internacional

¿Se construirá una base lunar?

Si el espacio se masifica, sería lógico utilizar la Luna como base. Su baja gravedad permite a las grandes naves despegar y aterrizar fácilmente en comparación con la Tierra.

Futura base lunar

¿Es cierto?

Se puede «enterrar» a las personas en el espacio.

SÍ. Un nuevo cohete barato llamado *Pegasus* ha posibilitado los entierros espaciales. El cohete envió las cenizas de 25 personas al espacio en 1997. Por un módico precio, se esparcen las cenizas en órbita. Unos años más tarde, regresan desperdigadas a la Tierra.

¿Podré ir al espacio?

Hay pocos astronautas, pero tal vez surja pronto el turismo espacial. Existen proyectos para usar depósitos de combustible vacíos de lanzaderas como habitaciones de un hotel espacial.

Hotel espacial del futuro

¿Cómo serán las naves del futuro?

Las lanzaderas pronto serán sustituidas por aviones espaciales. EE.UU. está desarrollando un avión espacial llamado *VentureStar* cuyo vuelo podría resultar un 70% más barato que el de la lanzadera. Los *VentureStar* podrían hacer que resultara económico ponerse en órbita e incluso construir otras naves en el espacio. Así podrían construirse naves de transporte gigantes para llevar gente a Marte.

VentureStar

¿Visitaremos algún día otros sistemas solares?

La estrella más próxima a nuestro Sol está a 4,3 años luz. ¡La lanzadera tardaría 158.000 años en llegar! Habrá que crear una nueva nave espectacular para poder visitar otros sistemas solares.

Nave de un futuro lejano

¡Increíble! **¡Se podrá viajar al espacio en un rayo láser! Científicos estadounidenses están probando un láser que calienta una bolsa de aire bajo una nave. El aire muy caliente la empuja hacia arriba y no se requiere otra energía para despegar.**

Colonización de Marte

¿Colonizaremos Marte?

Tal vez se construya una base en Marte con robots. Los humanos deberían llevar trajes espaciales en el exterior pero podrían vivir en hábitats herméticos, con plantas y animales. Podrían crecer plantas modificadas genéticamente, capaces de crear aire respirable y agua, lo cual haría habitable todo el planeta.

Glosario

Acelerador Dispositivo del coche o de la moto que controla el flujo de combustible que llega al motor.

Alquitrán Sustancia impermeable, negra y pegajosa que se licúa al calentarse y se endurece al enfriarse.

Andén Zona de una estación de tren por la que suben y bajan los pasajeros de los trenes.

Anfibio Capaz de moverse tanto en tierra como en el agua.

Año luz Distancia que recorre la luz en un año (unos 9,5 millones de km).

Armazón estabilizador Sólida estructura metálica que rodea al piloto de un coche de carreras sin techo. Si el coche vuelca, el armazón hace que recupere la posición correcta.

Articulado Vehículo capaz de doblarse por el centro.

Astrónomo Científico que estudia el espacio, normalmente, con telescopios.

Biplano Pequeño avión con dos pares de alas.

Caballo de potencia Medida de la potencia del motor equivalente a 745,7 vatios. Un turismo produce unos 150 caballos de potencia por tonelada.

Cabeza tractora Parte delantera de un camión articulado, donde se encuentran la cabina y el motor.

Canoa Embarcación que se hace vaciando un tronco de árbol.

Carrocería Sólido armazón metálico que es la parte principal de los coches modernos.

Carruaje sin caballos Los primeros coches, parecidos a carros de caballos, pero que tenían motor en lugar de caballos.

Casco Parte principal de una embarcación que la hace hermética y sirve de soporte a las cubiertas.

Chasis Base central de un vehículo en la que se fijan los ejes y la carrocería.

Cilindro Cámara del interior de un motor cuyos pistones suben y bajan.

Cometa Bola de rocas y hielo que atraviesa el sistema solar, dibujando una larga cola brillante a medida que se acerca al sol.

Contaminación Suciedad causada por las máquinas que queman combustible y que puede ser peligrosa.

Contenedor Caja metálica en un barco, camión o tren destinada a la carga.

Control de tierra Gran equipo de expertos que vela por cada misión espacial desde la Tierra.

Copiloto En un avión, persona que planea la ruta y calcula dónde se encuentra el avión.

Descapotable Coche con techo plegable.

Dibujo Surcos de la parte exterior del neumático.

Dirigible Aparato volador más ligero que el aire que se gobierna con motores.

Eje Barra recta situada en la base de un vehículo que conecta dos ruedas.

Eje motor Barra que une el motor con las ruedas de un vehículo. El motor lo hace girar y éste hace que se muevan las ruedas.

Embrague Dispositivo de un vehículo que controla la llegada de energía del motor a las ruedas.

Empalme Unión de dos o más vías.

Escudo térmico Piel especial de los aviones que impide que se quemen al regresar a la Tierra.

Estabilizadores Pequeñas ruedas que, colocadas a los lados de una bici o moto, impiden que se venza.

Estación espacial Enorme satélite con espacio para que vivan astronautas y científicos.

Freno de aire Red de frenos de un tren que usa aire comprimido para bloquear los frenos.

Frenos Dispositivos que ralentizan un vehículo presionando unas almohadillas contra las ruedas.

Fuselaje Parte principal de un avión donde se sientan los pasajeros y la tripulación, y se transporta la carga.

Generador Máquina que convierte el movimiento en electricidad.

Gravedad Fuerza de atracción entre dos objetos, como una persona y la Tierra.

Hélice Conjunto de palas que al girar en el agua impulsan un barco.

Hidráulico Accionado por líquido. El líquido es bombeado a los cilindros para que se muevan las piezas de una máquina.

Hidroala Embarcación que navega sobre unas alas sumergidas.

Hidroavión Avión con flotadores en lugar de ruedas en el tren de aterrizaje, para amerizar.

Hidroavión de casco Aeroplano con fuselaje en forma de casco de barco que despega y amara en el agua.

Imanes Objetos que atraen o repelen el metal. En los trenes, unos imanes muy potentes están activados por electricidad.

Ingeniero Persona que utiliza conocimientos científicos para construir cosas útiles como trenes o puentes.

Intermitentes Luces discontinuas que indican a otros conductores que un vehículo va a girar.

Láser Haz de luz que permite transferir energía por el espacio.

Luna Cualquier satélite natural y de forma redondeada que orbita alrededor de un planeta.

Mach Medida de la velocidad del sonido –Mach 2 es dos veces la velocidad del sonido–.

Marchas Juegos de piñones que transmiten la energía del motor del vehículo a sus ruedas. Al seleccionar distintas marchas, el conductor

puede arrancar y moverse a diferentes velocidades.

Monoplano Avión con un par de alas.

Motor a reacción Motor que impulsa un avión quemando combustible líquido y expulsando un chorro de gas caliente.

Motor de combustión interna Máquina que convierte la energía del combustible en movimiento quemándolo con aire dentro de los cilindros.

Motor de gasolina Motor en que los pistones son empujados por una mezcla explosiva de gasolina y aire.

Motor de vapor Tipo de motor en el que los pistones se mueven dentro de los cilindros por la presión del vapor creado en una caldera.

Motor diésel Motor de combustión interna que usa gasoil como combustible.

Neumático Accionado por la presión del aire o que contiene aire.

Nudo Medida de velocidad en el mar equivalente a 1,85 km/h.

Oxígeno líquido El oxígeno es el gas del aire que posibilita la combustión. Los cohetes lo llevan para realizar la combustión donde no hay aire.

Pasamontañas Gorro que cubre cabeza y cuello, dejando solo al descubierto la cara.

Pistones Piezas que se deslizan dentro de un motor y hacen girar las ruedas.

Planeador Avión sin motor.

Planeta Gran cuerpo que orbita alrededor de una estrella y cuya anchura suele superar los 1.000 km.

Plano aerodinámico Vela o ala con superficie curva que permite elevarse del agua o del suelo.

Popa Parte posterior de un barco.

Proa Parte delantera de un barco. Suele ser puntiaguda para romper las aguas fácilmente.

Propulsores Piezas de un cohete usadas para poner una nave en órbita.

Radar Máquina que emite ondas de radio al cielo y calcula dónde están los objetos por la forma en que rebotan dichas ondas.

Radiación Rayos peligrosos, por ejemplo, los del Sol. En la Tierra, la atmósfera bloquea gran parte de la radiación solar, pero en el espacio se necesitan escudos especiales.

Radiador Parte del sistema de refrigeración del coche. El aire que lo atraviesa enfría el agua caliente que ha extraído calor del motor.

Recargable Se dice de una batería cuya electricidad puede sustituirse una vez agotada. La de los coches lo es.

Remolque Sección trasera de un camión articulado, donde se transporta la carga.

Residuos nucleares Desechos peligrosos de las centrales nucleares.

Resistencia Fuerza causada por el aire al fluir alrededor de un objeto móvil y que lo ralentiza.

Rueda de paletas Rueda con paletas que conforme se introducen y giran dentro del agua permiten avanzar a un barco.

Sidecar Coche de una rueda con un asiento que se sujeta a un lateral de la motocicleta.

Sobrealimentador Bomba mecánica que incrementa la cantidad de aire que entra en el motor para hacerlo más potente.

Suspensión Conjunto de amortiguadores y ballestas de la parte inferior de un vehículo. La suspensión permite al vehículo viajar cómodamente por carreteras con baches.

Timón Hoja situada en la popa de un barco que vira para hacerlo girar a izquierda o derecha.

Torpedo Misil submarino que explota al impactar con un barco.

Tranvías Trenes eléctricos que van por las calles, más limpios y silenciosos que los autobuses.

Triciclo Bici o moto con tres ruedas, normalmente una delante y dos detrás.

Triplano Avión con tres juegos de alas.

Tubos de escape Tubos metálicos que expulsan al aire los gases de escape del motor.

Índice

Ader, Clément 192
Aerocar 82
aerodeslizador 35, 57
agujas 105
ala delta 218
alas móviles 208
Alcock y Brown 199
Alien 31
Alvin 69
ambulancia 185
Amphicar 91
Apolo, misiones 91, 224, 228, 229
Armstrong, Neil 228
arrastrero 58
asaltagranjas 199
asiento eyectable 233
Aso Boy 125
Aston Martin DB5 96
Auburn Speedster 79
Austin-Healey 3000 95
Austin-Healey Sprite 88
Austin Seven 76
autobuses 163
avión de carga 210
aviones a reacción 206, 207, 208
aviones cohete 212–213
aviones supersónicos 213

Bala Belga 30
Bandera Roja, Ley de la 73
banderas 20
barcaza 56
barco de salvamento 60
barco de toberas 35
barco factoría 58
barco invisible 63
Barón Rojo 198
batiscafo 69
Beatles 97
Bentley 4,5 litros 78
Bentley Boys 78
Benz, Karl 72–73
bicicleta de seguridad 133
biciclo 132, 134
Blériot, Louis 195
Blue Flame 14
BMW C1 157
boxes 21
Braun, Wernher von 223
Brough Superior 138
Brunel, I.K. 51, 118, 119
Bugatti Royale 77
buque de guerra 63
buque faro 61
Buran 232
Byrd, Richard E. 200

cabina abatible 164
cadenas para la nieve 178
Cadillac Coupe de Ville 82
Cadillac V-16 79
caldera 106
camión articulado 165
camión de bomberos 170, 182
camión de la basura 189
camión de transporte de tanques 172
camión maderero 186
camión tractor 180–181

camiones de *rallies* 179
camiones personalizados 170
camiones portamisiles 173
camioneta monstruo 168
camioneta personalizada 169
canoa 42–43
caravana de carros 163
carbonero 112
carreras de camiones 33, 171
carreras de carros 12
carreras de coches 17
carreras TT 150
carretilla elevadora 184
carretilla pórtico 187
carro tirado por caballos 162
carruaje sin caballos 72
Cassini, sonda 243
catamarán 36, 57
Catch Me Who Can 103
caza invisible 209
cazas 208–209
Challenger 14
charabán 77, 163
Chitty Chitty Bang Bang 97
chopper 152–153

«ciempiés» 108
Citroën 7CV 80
Clancy, Carl Stevens 142
clíper 46
Club Med 52
coche de vapor de James 72

coche huevo 84
coches de *rallies* 19
coches eléctricos 30–31
coches personalizados 86
coches solares 30, 31, 99
cohete 222, 223, 224, 225, 247
cohete V2 223
Collins, Michael 228
Collins, Russ 153
cometas 193
Copeland, Lucius 134
coracle 43
Cugnot, Nicolas-Joseph 162

d'Abbans, Jouffroy 50
Daimler, Gottlieb 72, 135
Davidson y Walter 138
De Dion, conde 13
Deep Flight 1 68
derby de demolición 32
descapotables 79, 89
despegue vertical 214–215
Diesel, Rudolph 164
dirigibles 196
Douglas 137
dragsters 22, 23, 153, 170
drakares 44, 46

efecto navaja 167
engranaje de cremallera 114
escrepa 174
esquís 203
estabilizadores 135, 156
estación espacial 234, 235, 237, 239, 246

excavadora 174, 176
Expreso Transiberiano 127

Ferrari 360 Modena 89
ferrocarril elevado 119
FN 136
Foden, camión de vapor de 162
fogón 106
Ford, Henry 75
Ford Mustang 89
Ford Thunderbird 83
Ford V-8 79
Fórmula 1 16, 17
Fortaleza volante 204
Free, Rollie 139
frenos 113

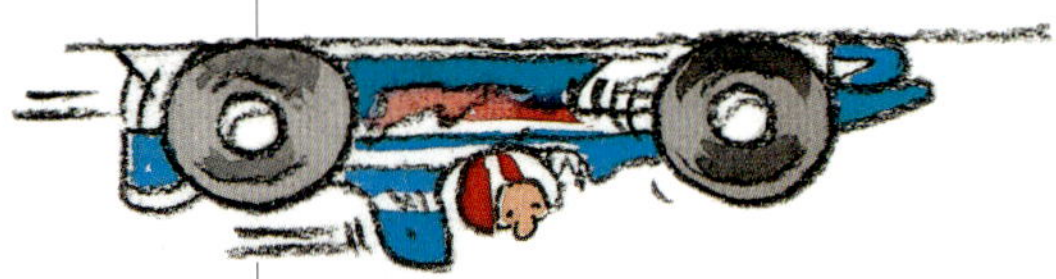

Gagarin, Yuri 226
galeón 47
galera 45, 48
Giffard, Henri 196
Giotto, sonda 243
Glenn, John 226, 246
globo de aire caliente 192, 197, 219
Gobron-Brillié 15
Goddard, Robert 222
góndola 44
Gran Premio 28
Grave Digger 169
Great Eastern 51
Gresley, Herbert 107
grúa 184
grúa móvil 177, 187

Harley, William 138
Harley-Davidson 138, 142, 148
  Electra Glide 142
  WLA 45 148
Harrier, caza 214
helicópteros 216–217
Herón de Alejandría 103
Heyerdahl, Thor 42

Heysercycle 157
hidroala 56
hidroavión 202–203, 210
Hollywood 79
Honda Gold Wing 143
  CB750 151
  Elf Endurance 156
  Super Cub 144
hormigonera 177
hospital móvil 185
Hubble, telescopio 240–241
Huygens, sonda 243

Indian Scout 139
Issigonis, Alec 85

Jaguar tipo E 88
Jahre Viking 54
Jason Junior 69
Jeep 90
jeep Lunar 229
Johnson, Amy 201
junco 47

karts 16, 26
kayak 59
Knievel, Evel 158
Kruckenburg 109

Laika 223
lanchas motoras 34, 65
Landaulet 75
lanzadera espacial 219, 227, 232, 234, 235, 236, 237, 239, 241, 242, 246, 248

Lawrence de Arabia 138
Le Mans 17, 25, 78, 156
Leonov, Alexei 227
Lilienthal, Otto 193
limusina de Crossley 91

Lindbergh,
Charles 200
Locomotion 12, 102
locomotoras 104
Lotus Elise 89
Lovell, James 229
Luna 91, 228, 229, 238, 247

Macmillan, Kirkpatrick 132
MacRobertson, carrera 38
Mallard 107
marchas 95, 166
Mariner 242
Mars Pathfinder 244–245
Marte 242, 244, 245, 249
mascarón de proa 46
Maybach 135
Mephistopheles 29
Mercedes 300SL 83
Mercurio 242
Michaux-Perreaux, bicicleta 134
Mini 85
Mitchell, Edgar 228
Modelo T de Ford «Tin-Lizzie» 75
monorraíles 115
montañas rusas 124
Morgan Plus Eight 88
moto acuática 35, 65
Moto Guzzi 138
motocicletas blindadas 149
motocross 27, 146, 147, 159
motor de vapor 134, 162
motor diésel 164
motores a reaccción 207, 225
Motorwagen 73

NECAR 4 98
neumáticos 21, 95
Nikolayev, Andrian 227
Nomex 20
Nozomi 128

Opel, Fritz von 225
Orient Express 112, 127
orugas 173

Panther Six 97
papamóvil 96
paracaídas 197
parapentes 219
pared de la muerte 158
paseo espacial 227, 230, 236, 237
Pegasus 247
petrolero 54, 186

Piróscafo 50
planeadores 193, 218, 219
pólvora 222
Porsche 911 88
Porsche, Ferdinand 81
portaaviones 62, 204
portacoches 186
portacontenedores 55
Post, Wiley 201
primeros vuelos
controlados 194
de EE.UU. a Australia 201
de Inglaterra a Australia 201
en autogiro 217
en avión 192
en dirigible 196
en helicóptero 216
sobre el canal de la
Mancha 195
transatlántico 199
tripulados 192
viaje transatlántico en solitario 200
vuelta al mundo en globo sin
escalas 197
vuelta al mundo en
solitario 201
programa espacial
soviético 223,
226, 227, 233
pruebas de choque
92
Pullman, George 113

quaffa 43
Queen Mary 53
quinta rueda 165

Ra II 42
radiación 231, 235
radio de banda ciudadana 166
rally París-Dakar 26, 147, 179
remolcador 53, 61
remolcador de aviones 189
remolque bajo 181
Renault Zoom 98
repostaje en el aire 208
retroexcavadora 176
Rhodes, Cecil 117
Ride, Sally 227
Rigolly, Louis 15
Rocket 102
rodilla en tierra, posición de 24
Rolls–Royce Phantom VI 97
Rolls–Royce Silver Ghost 76
rompehielos 54
Round The World Yacht Race 37
Rutan, Dick 39
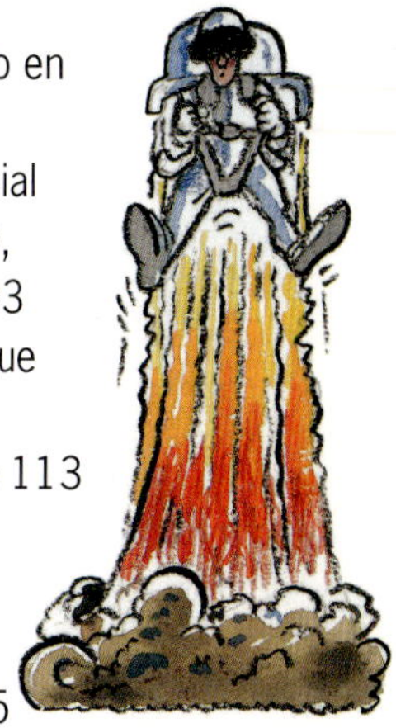

satélite 223, 224, 238, 239
Saturno 243
Saturno 5 224, 225
scooter 144–145
Scott 137
Seikan, túnel 118
semioruga 173
Shepard, Alan 226, 228
Sherman, General 120
Shinkansen 126, 128, 129
sidecar 24, 142, 143, 148, 149
Sinclair C5 31
Skylab 234, 239
Smart 84
Sojourner 244
speedway 25, 150
Sputnik 1 223
Stephenson, George 12, 102
stock cars 18–19
street luge 33
stunt 158–159
submarinos 66, 67, 68
sumergibles 55, 68
Sunraycer 30
superbike 30, 151
T-bucket 86

Tereshkova, Valentina 227
Terex Titan 175
TGV 110, 126
Thrust SSC 15
Titán 243
Titanic 60, 69
tracción integral 179
tractor de vapor 163
tractores remolcadores 32
transbordador 54
transbordador espacial 180
Trans-Europ-Express 111
tranvías 116
tren bala 126, 128, 129
tren de carretera 186
trenes blindados 121
trenes carboneros 103, 112, 127
trenes con colchón de aire 128
trenes correo 113, 115
trenes de juguete 125
trenes de transporte de tropas 120
trenes de vapor 106, 107, 124
trenes diésel 108–109
trenes eléctricos 110–111
trenes en miniatura 124
trenes-*ferry* 119
trenes oscilantes 105
trenes subterráneos 111, 120
Trevithick, Richard 103
trial 26, 146
triciclo 132–133
Trieste 69
trimarán 36, 57
triplano 198
Triumph 153
trofeo Schneider 203
Tucker '48 «Tin Goose» 80
túnel de Box Hill 119
Túnel del Canal 118, 123
turismos 18
Turtle 66

UMT 236–237

vagón restaurante 112
vapor con paletas 51
vapor de línea 52
vehículo de efecto de superficie 202
vehículo lunar 91
vehículos blindados de transporte de tropas 172
vehículos todoterreno 27

veleros de hielo 37
veleros de tierra 37
Venera 242
VentureStar 248
Venus 242
Viking, sondas 245
Vincent Black Shadow 139
Violent Violet 30
Volkswagen Escarabajo 81
volquete 175, 188
von Richthofen, Manfred 198
von Siemens, Werner 110
Vostok 6 227
Voyager 39
Voyager, sondas 242

Werner, hermanos 134
Whitten 199
Winnie Mae 39
Wright, hermanos 39, 194

Yamaha 1.600 cc 140
yate 64
Yeager, Chuck 213
yola 64